DVD付き

カラダをリセット＋
体幹力UPの
コアトレーニング　木場克己 著

本書とDVDの使い方

やり方 1
トレーニング前後にはストレッチをおこなう

体幹部のストレッチを各部位2種類ずつ掲載。張っている部位は強めにするなど、体調に合わせて選ぼう。

やり方 2
1日9種目。自分のレベルに合わせて取り組む

- **1 初級編** ▶ 体幹を**固**める
  お腹周りを中心とした体幹の基本トレーニング
- **2 中級編** ▶ 体幹を**安定**させる
  背中側にも刺激を入れて前後から体幹を鍛える
- **3 上級編** ▶ 体幹を**連動**させる
  各体幹や、体幹と四肢の連動性を意識して鍛える
- **4 プロフェッショナル編** ▶ 体幹を**極**める
  各体幹や、体幹と四肢の連動性を意識して鍛える

やり方 3
本でポイントを！DVDで動きを覚えよう！

本とDVDで連動しているので、最初はDVDを見て動きを覚えるといい。木場トレーナーが体幹トレーニングのひとつずつを解説してくれる。

見開き構成なので分かりやすい!!
ポイントや筋肉データも掲載

連動

木場トレーナーが直接指導!!
すべての体幹トレーニングを木場トレーナーが解説

マルチアングルで解りやすい!!
マルチアングルで本では分かりづらい角度からも見える

CONTENTS

カラダをリセット+体幹力UPのコアトレーニング

- 2 本書とDVDの使い方
- 4 体幹力が上がるとどうなるの?
- 6 ストレッチ+体幹トレ **5大メリット**
- 8 効率よく鍛えるための **KOBA式トレーニングの心得**
- 10 体幹力を獲得するまでのプロセス
- 12 体幹を構成する筋肉
- 14 スポーツにおける体幹力 **走る、跳ぶ、蹴る、振る、投げる**
- 24 柔軟性&体幹力の **自己チェック**
- 32 STEP ❶ カラダの歪みをリセットする **体幹周りのストレッチ**
- 48 STEP ❷ 体幹トレーニング 初級編 **体幹を固める**
- 68 STEP ❸ 体幹トレーニング 中級編 **体幹を安定させる**
- 88 STEP ❹ 体幹トレーニング 上級編 **体幹を連動させる**
- 108 STEP ❺ 体幹トレーニング プロフェッショナル編 **体幹を極める**

学生アスリートに聞きました!!

体幹力が上がるとどうなるの!?

一朝一夕ではその効果が分かりづらい体幹トレーニング。ここでは、体幹トレーニングを1年以上続けている学生アスリートに集合して頂き、各競技でどのようなパフォーマンスアップが見られたかを質問した。ここに掲載したものはその中の一部ではあるが、どの競技であれ確かな効果があるようだ。みんなが口を揃えていうことは、"**安定したカラダの軸**"という言葉であった。

Baseball
打つときの軸が
ブレなくなり
ミート力が上がった
野球部（大学生）

Football
カラダの
バランスがよくなって
キック精度も増した
サッカー部（大学生）

Swimming
ストリームラインを
しっかりキープ
できるようになった
水泳部（高校生）

Baseball
体勢が崩れても
しっかりスローイング
できるようになりました
野球部（大学生）

Swimming
水中動作の
ブレがなくなった
水泳部（高校生）

Basketball
空中でも体勢をキープ
できるようになった。
あと痩せた（笑）
バスケットボール部（大学生）

Lacrosse
コンタクトプレーに
強くなり競り負ける
ことがなくなった
ラクロス部（大学生）

Football
カラダのキレが
格段によくなった
サッカー部（大学生）

Lacrosse
カラダのバランスが
よくなりケガを
しなくなった
ラクロス部（大学生）

ストレッチ＋体幹トレの5大メリット

アスリートの多くが実践している体幹トレーニングではあるが、実はそのメリットは日々の生活でも恩恵を受けることばかり。個人のクセによって崩れた筋肉バランスを是正し再構築することで、カラダが本来持っていた力をスムーズに導き出す。これが体幹トレーニングなのだ。

メリット 1　姿勢がよくなる

運動不足や個人のクセの積み重ねによって、筋肉の一部分が硬化したり、弱体化すると筋肉バランスが崩れ、骨盤や背骨が歪み姿勢が悪くなる。体幹トレでその筋肉バランスを是正すれば、歪みがなくなり姿勢がよくなる。

メリット 2　肩こりや腰痛を改善

肩こりや腰痛の原因の多くも筋肉バランスの崩れ。筋肉が硬化すれば血流は悪くなるし、背骨や骨盤が歪めば腰への負担は増す。しかしストレッチで筋肉を緩め、体幹トレでバランスよく再構築すれば、それら諸症状も改善される。

メリット 3 運動能力が向上する

たとえば、ボールを投げるのは腕の筋肉と思われがちだが、その腕を動かしているのは体幹だ。体幹の動きに連動して腕が動く。つまり体幹部を鍛えることで、腕や脚はよりスムーズに動き、結果的に運動能力が上がるのだ。

メリット 4 太りづらい体質になる

基礎代謝量とは人間が生活するために最低限必要なエネルギー量のこと。この数値が高いとそれだけカロリーを消費できる。基礎代謝量は筋肉量と比例するので、体幹トレで筋肉量を増やせば、結果的に太りづらくなる。

メリット 5 ポッコリお腹も凹む

お腹の中に詰まっている内臓を支えているのは腹横筋を中心とした体幹の筋肉。この筋肉が弱くなると、支えきれずにお腹が垂れてしまう。ポッコリお腹の人は、脊柱からお腹を包むようについている腹横筋を鍛えよう。

心得 01 目には見えない奥の筋肉に目を向けよ!!

「筋トレ」といえば、ジムにあるような機具を使ったものを連想すると思う。確かに機具を使えば効率よく筋肉を肥大でき、太くなった上腕二頭筋など見た目にも効果が分かりやすい。しかし、体幹トレーニングはすべて自体重。しかも鍛える筋肉の多くはカラダの深層部にあり見た目にも分かりづらい。だからこそ、いまどこを鍛えているのかをしっかりイメージしながらおこなうことが大切だ。

トップアスリートの体幹
これは某トップアスリートのMRI写真。❷の大腰筋が大きく発達している。前後左右の筋肉バランスもよく理想的な体幹といえる

❶脊柱起立筋群　❷大腰筋　❸腹横筋
❹腹斜筋　❺腹直筋　❻大臀筋

効率よく鍛えるための KOBA式トレーニングの心得

一見カンタンそうにも思えるが、正しくおこなうとかなりハードな体幹トレーニング。ここでは効率よく体幹を鍛えるための"心得"を紹介する。

心得 02　お腹を固めることが体幹トレの基本

下の写真は、あお向けになり脚を上下させるだけの運動にも見えるが、実はこれも体幹トレーニング。ただし、脚を上下させるときは、かならずお腹を固めて骨盤を床に押しつけておきたい。そうすることで体幹を効果的に使うことができ、その状態から脚を上げることで、体幹と脚を連動させたトレーニングになるのだ。写真と同じポーズをマネするだけでは、ただの脚上げ体操になるので注意しよう。

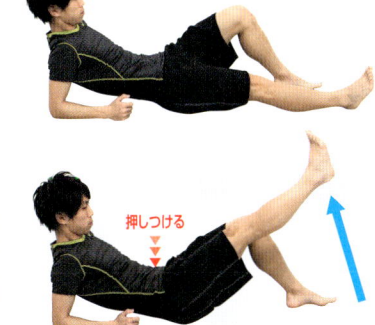

脚を上げるだけ!?
脚を上げ下げするだけにも見えるが、骨盤を床に押しつけながらおこなえば、さらに体幹部に効果的なトレーニングとなる

押しつける

心得 03　もう一人の自分で自分自身を客観視しよう

体幹トレをする理由は何か？ 答えは「痩せたいから」、「強くなりたいから」、何でもOK。大切なことは、今自分に足りないことがあり、それを補おうとしているという"自覚"。これが自分を客観視するということ。体幹トレでもこれができれば、自分の強みと弱みが見えてくる。たとえば、「僕は腹筋はあるけど臀筋の柔軟性に欠けるなぁ」というように、自分のカラダを客観視して、弱点を補っていくことが大切なのだ。

自分を伸ばすもう一人の自分
「自分に足りないところはどこなのか？」自分自身を客観視することで成長してきたという長友選手

体幹力を獲得するまでのプロセス
正しく順を経ることで作り上げられる本物の体幹力

プロセス

体幹の基礎となる腹筋を鍛えた後、背面、連動性と徐々に鍛える部位を広げていく。また、柔軟でバランスよい体幹を獲得するためには体幹トレーニング前後のストレッチが欠かせない。

プロセス 1
自分のカラダを知ろう

柔軟性＆体幹力の自己チェック

知る

いくつかのポーズをとることで柔軟性と体幹力のレベルをチェック。自分のカラダの強みと弱みを理解することが体幹トレーニングではとても大切になる。

プロセス 2
クランチ系トレーニングで腹筋を中心に鍛える

ストレッチ ＋ 体幹を固める

固める

クランチ系トレーニングで体幹の基礎ベースとなる腹筋を中心に鍛えていく。また体内に酸素を多く取り込めるスロートレーニングで代謝を上げる。

プロセス5	プロセス4	プロセス3
体幹部により高い負荷をかけ体幹の質を上げる	体幹部全体や四肢との連動を意識して鍛える	脊柱起立筋や臀筋など後ろ側の筋肉を中心に鍛える

プロセス5 ストレッチ＋体幹を極める

極める

体幹部の連動性を身につけたら、プロアスリートも実践している高負荷なトレーニングで、より質の高い体幹を手に入れる。上級編ができたらおこなおう。

プロセス4 ストレッチ＋体幹を連動させる

連動

体幹を安定させたら、体幹部同士や体幹と四肢(腕や脚)を連動させて鍛える。より実践的で、スポーツパフォーマンスの向上につながる動きといえる。

プロセス3 ストレッチ＋体幹を安定させる

安定

基礎ベースができたら、脊柱起立筋や臀筋群、広背筋など後ろ側の筋肉を中心に鍛える。これにより体幹部を前後で支え、安定させることができる。

体幹を構成する筋肉

What are the Core Muscles of the Body?

目には見えない深層部にあるインナーマッスルから表層部にあるアウターマッスルまで、体幹を構成する主要な筋肉を紹介する。トレーニング時のイメージ作りに役立てよう。

体 幹とは、読んで字の如く「カラダの幹」。腕や脚以外、つまり胴体を指すのが一般的。しかし本書ではより具体的に「背骨や骨盤に影響を与える筋肉」と定義したい。つまり、ここで紹介している筋肉を正しく鍛えれば背骨や骨盤を正しい位置に据えることができるのだ。これによって、先に挙げた体幹トレのメリットも享受できる。

Muscle.01 こうはいきん
広背筋
肩甲骨の下辺りから腰にかけてついている。逆三角形のカラダを作るには欠かせない筋肉。

Muscle.02 ふくちょくきん
腹直筋
お腹の前面にあり、鍛え続けると6つに割ることができる。カラダを前に折り曲げるときに作用する。

Muscle.06 ふくおうきん
腹横筋
背骨から始まり、内臓を包み込むようについている。深層部にあり、くびれを作る筋肉といわれている。

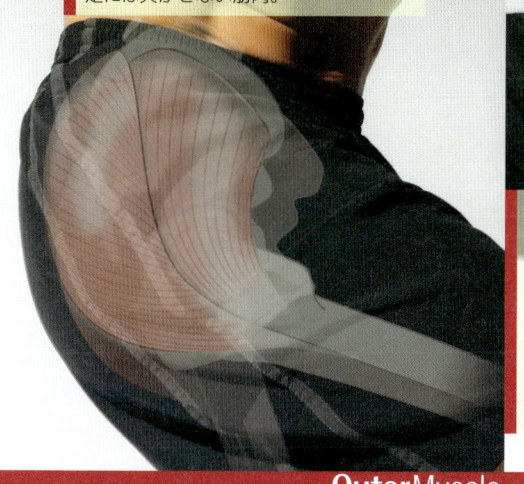

Muscle.04 .05 だいでんきん・ちゅうでんきん
大臀筋・中臀筋

大臀筋は後ろから、中臀筋は側面から、それぞれ骨盤を支えている。骨盤の安定には欠かせない筋肉。

Muscle.03 ふくしゃきん
腹斜筋

ワキ腹に斜めに入っている。腹横筋に上にあり、カラダをひねったり、横に曲げるときに大きく作用する。

Outer Muscle

Inner Muscle

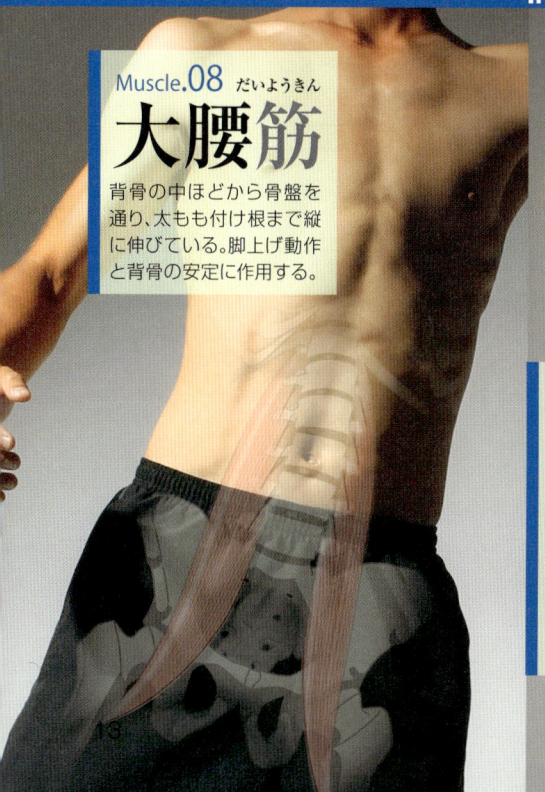

Muscle.08 だいようきん
大腰筋

背骨の中ほどから骨盤を通り、太もも付け根まで縦に伸びている。脚上げ動作と背骨の安定に作用する。

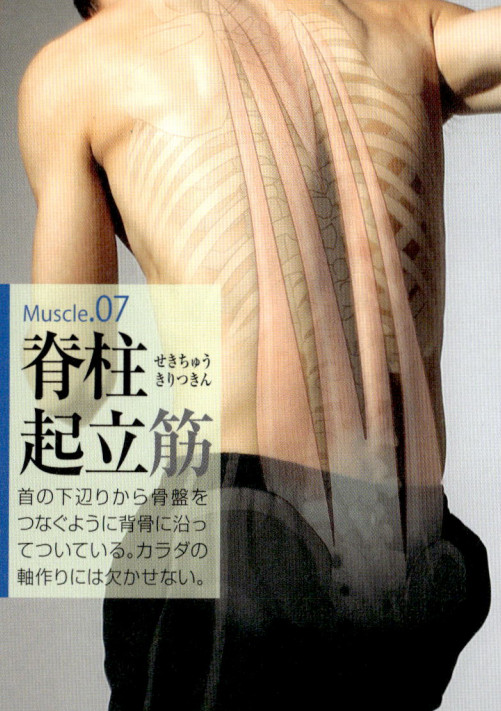

Muscle.07 せきちゅうきりつきん
脊柱起立筋

首の下辺りから骨盤をつなぐように背骨に沿ってついている。カラダの軸作りには欠かせない。

走る

背骨から太もも付け根まで縦に伸びている大腰筋が、脚の引き上げ動作を担っている

運動の基本ともいえる走る動作では、大腰筋による脚の引き上げと安定したカラダの軸を作ることが大切になる。

大腰筋がすばやく脚を引き上げる

走るための体幹力

体幹力 ❶ ▶▶▶
すばやい脚の引き上げ

肥大した大腰筋は一流陸上選手の証ともいえる。脚を引き上げる大腰筋は走る動作でもっとも大切な筋肉のひとつ。

前 大腰筋

体幹力 ❷ ▶▶▶
力強い脚の押し込み

大臀筋による脚の押し込みも速く走るには欠かせない要素。地面を思い切り押し込み、反動を推進力へと変換したい。

後 大臀筋

体幹力 ❸ ▶▶▶
スムーズな腕の振り

腕と体幹をつなぐのは肩甲骨。そして、ここ始点とした広背筋が腕をスムーズに引き上げることで、連動して脚の運びもスムーズになる。

後 広背筋

跳ぶ

腰から肩甲骨にかけて逆三角形に広がる広背筋が重力に反発してカラダを高く引き上げる

下半身でパワーをため、広背筋や脊柱起立筋でさらに高く引き上げる。
高く跳ぶには下から上へ筋肉を連動させることが大切だ。

カラダを高く引き上げる
広背筋
こうはいきん

跳ぶための体幹力

体幹力 ❶ ▶▶▶
効果的にパワーをためる

跳ぶためにはヒザを曲げて下半身にパワーをため、大臀筋によって地面を蹴り上げ、そのパワーを垂直方向へ放出する。

後　大臀筋

体幹力 ❷ ▶▶▶
カラダを高く引き上げる

下半身のパワーで跳躍したカラダをさらに引き上げるのが広背筋。重力に反発してカラダを高く持ち上げる。

後　広背筋

体幹力 ❸ ▶▶▶
空中でもブレないカラダ

空中での接触やフェイダウェイのように傾いた体勢でのシュートであっても、脊柱起立筋が発達していればカラダの安定を保つことができる。

後　脊柱起立筋

17

蹴る

お腹前面の腹直筋と側面の腹斜筋でカラダを折り曲げるようにねじりパワーを増幅させる

キック力は脚力ではなく体幹力で決まる。
脚を連動させながら体幹をひねることで、力強いインパクトが生まれる。

腹直筋と腹斜筋で
カラダをひねる

蹴るための体幹力

体幹力 ❶ ▶▶▶

安定した軸となる脚

テイクバック時の軸脚を安定させる役割は中臀筋が担っている。また中臀筋は脊柱起立筋と連動して骨盤の安定を保つ役割もある。

後
脊柱起立筋
中臀筋

体幹力 ❷ ▶▶▶

カラダのねじり

下半身から生まれたパワーをさらに増幅させるためには、腹斜筋による軸脚側の縮小と、蹴り脚側の伸張でカラダをねじる。

前
腹斜筋

体幹力 ❸ ▶▶▶

ロスのないインパクト

インパクトでは広背筋や腹斜筋で上体をねじり、腹直筋でカラダを折りながら脚を連動させる。これによってパワーを効率よくボールに伝えることができる。

前
広背筋
腹直筋
腹斜筋

振る

強くひねられた腹斜筋。この体側部にある筋肉が速いヘッドスピードを生む主要動力だ

Getty Images

バットは腕で振るが、その腕に力を伝えるのは体幹。
腹斜筋による腰のひねりが驚異的なヘッドスピードを生む。

腹斜筋がカラダをするどく回転させる

振るための体幹力

体幹力 ❶ ▶▶▶
安定したテイクバック

テイクバックでは軸脚の安定が大切だが、同時に中臀筋や脊柱起立筋での骨盤固定が、この後のスムーズなパワー伝達にもつながる。

後
脊柱起立筋
中臀筋

体幹力 ❷ ▶▶▶
するどい腰の回転

腰の回転には腹斜筋や広背筋が動員されるが、中臀筋や脊柱起立筋で骨盤を固定させておくことで回転にするどさが増す。

前
体幹部全体

体幹力 ❸ ▶▶▶
ロスのないインパクト

カラダの軸が前に移るインパクトでは、前側の中臀筋や腹斜筋で体側を支え、後ろ側の腹斜筋や広背筋で回転運動を加速させ、バットをさらに押し込む。

後
広背筋
腹斜筋
中臀筋

投げる

お尻から前に出すような理想的な体重移動は臀筋群で軸脚を支えることが欠かせない

臀筋群で軸脚を支え、ムダのない体重移動から体幹をひねることで、
腕がムチのようにしなるきれいなリリースが可能になる。

臀筋群で軸脚を ギリギリまで支える

投げるための体幹力

体幹力 ❶ ▶▶▶
安定した軸となる脚

軸脚を臀筋群で支えながら大腰筋で前脚を引き上げる。このとき、脊柱起立筋や中臀筋で骨盤を固定しておくことがスムーズな体重移動につながる。

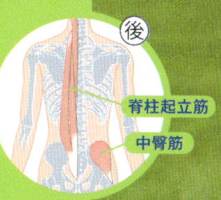

後
脊柱起立筋
中臀筋

体幹力 ❷ ▶▶▶
パワーをためる体重移動

お尻から前に出すような理想的な体重移動は、後ろ脚を臀筋群で支えることで可能になる。また同時に、腹横筋を縮小させパワーをためておくことも大切。

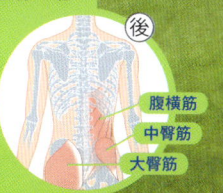

後
腹横筋
中臀筋
大臀筋

体幹力 ❸ ▶▶▶
しなやかなリリース

前脚側の大臀筋で地面を踏み込み、骨盤を固定させたまま腹斜筋や広背筋などを動員して上体をねじることで、ムチのようなしなやかなリリースが可能になる。

前
体幹部全体

柔軟性&
体幹力の **自己チェック**

自分のカラダを知ることが体幹力獲得の第一歩

体幹トレーニングをはじめる前に、まずは今の自分にどれだけの柔軟性と体幹力があるのかをチェックしてみよう。これは簡易的なものではあるが、自分のカラダを知る手がかりとなるはずだ。

Check 01 腰の柔軟性をチェック

ココをCheck!! ヒザを伸ばしたまま腰から曲げているか

ヒザを伸ばしたまま手を床につける
脚を肩幅ほど開き、ゆっくりと息を吐きながら上体を折り、手を床につける

できない人は……
脊柱起立筋をメインに後ろ側の筋肉の柔軟性が欠けている可能性がある

Check 02 脚の柔軟性をチェック

ココをCheck!! 脚先をつかんで上体を曲げているか

片脚を伸ばして上体を折る
片脚を伸ばして両手で脚先をつかみ、息を吐きながらゆっくりと上体を曲げていく

できない人は……
ハムストリングスをメインに後ろ側の筋肉の柔軟性が欠けている可能性がある

Check 03

ワキ腹の柔軟性をチェック

ココをCheck!!
骨盤を浮かせずに伸ばすことができているか

骨盤を床につけたまま側面を伸ばす
肩の下に手をつき、両脚を揃えた状態で体側を伸ばす。骨盤を浮かせずに伸ばすこと

カラダを前後させずに骨盤を床に押しつけよう

できない人は……
腹斜筋や腹横筋など体側部の筋肉の柔軟性が欠けている可能性がある

柔軟性&体幹力の 自己チェック

Check **04**

股関節の柔軟性をチェック

ココを Check!! ヒザを曲げずに上体を倒せているか

開脚したまま ヒジをつく
脚を大きく開き、ゆっくりと上体を倒す。ヒジを床につきアゴを支えるまで倒してみよう

できない人は……
内転筋や脊柱起立筋、臀筋群などの筋肉の柔軟性が欠けている可能性がある

Check 05

お尻の体幹力をチェック

ココを Check !!
おへその高さまで脚を上げているか

両腕を伸ばして片脚立ちキープ
両腕を肩の高さで伸ばし、片脚立ちのまま10秒キープする

できるだけ脚を高く上げること。目安はおへその高さ

できない人は……
軸足を支える中臀筋をメインに脊柱起立筋などの筋力が弱い可能性がある

柔軟性&体幹力の **自己チェック**

Check **06**

お腹の体幹力をチェック

1. 脚を肩幅に開き両腕も広げる
肩幅ほどの脚を開き、両腕も肩の高さに上げて広げる

ココをCheck!! 後ろが見えるまでねじれているか

2. できるかぎり上体をねじる
脚を固定させたまま上体をできるところまでねじる

できない人は……
カラダをねじる腹斜筋や広背筋、脊柱起立筋の筋力が弱い可能性がある

Check 07 お腹の体幹力をチェック

1 あお向けになり骨盤の幅で脚を開く
あお向けの状態で脚を骨盤の幅に開きヒザを立てる。上半身はリラックス

ココを Check!!
手の平がしっかりとヒザに届いてるか

2 腹筋を使って起き上がる
反動をつけずに腹筋だけを使って起き上がる。手の平がヒザの上に届けばOK

> **できない人は……**
> お腹周りの大腰筋や腹直筋、腹斜筋の筋力が弱い可能性がある

柔軟性&体幹力の **自己チェック**

Check **08**

ワキ腹〜お尻の体幹力をチェック

1

骨盤の幅で脚を開き腰に手を当てる
骨盤の幅で両脚を開き、片方の腕を腰に、もう片方を頭に据えて立つ

ココをCheck!! ヒジとヒザがくっついているか

2

ヒジとヒザをくっつける
ワキ腹を縮めるイメージで上体を曲げて脚を上げる。ヒジとヒザがくっつけばOK

できない人は……
カラダを横に曲げる腹斜筋や腹横筋、軸足を支える中臀筋が弱い可能性がある

体幹周りのストレッチ

カラダの歪みをリセットする

ここでは、それまで積み重ねてきたクセによりバランスが崩れたり、こり固まったりした筋肉をほぐし、柔軟性を与える。各部位負荷を変えて2種類ずつ用意しているので、体調に合わせておこなおう。

Step 1

体幹トレーニングにおける
ストレッチの効果

1 ▶ こり固まった筋肉が**ほぐれる**

2 ▶ 筋肉**疲労**が**軽減**される

3 ▶ 血流が促され
肩こりや**腰痛**が改善される

4 ▶ 関節可動域が広がり
パフォーマンスが上がる

STEP ① かるく伸ばす

Light

背中 Stretch 01 僧帽筋・広背筋をリセット

1 頭の後ろで両手を組む
肩幅ほどに脚を開き、両手を頭の後ろで組む

2 頭を抱えたまま背中から丸める
フ〜と息を吐きながら抱えた頭を前に倒す。背中の方から丸めるイメージ

Point 首だけではなく背中から丸める

STEP ❶ カラダの歪みをリセットする

深く伸ばす

1 伸ばした腕で円を作る

脚を肩幅ほどに開き、前に伸ばした腕で円を作る

2 ヒザをかるく曲げてカラダを丸める

フ〜と息を吐きながらヒザをかるく曲げ、猫背になるようにカラダを丸める

Point
背中から丸めて肩甲骨を開こう

Light STEP ①▶3 かるく伸ばす

お腹 Stretch 02
腹直筋・大腰筋をリセット

1 うつ伏せになりヒジを肩の下に

うつ伏せになりヒジを肩の下に置く。脚は骨盤の幅で開き頭は下げておく

2 上体を起こしてお腹をストレッチ

骨盤を床に押しつけながら上体だけを起こし、お腹をゆっくりと伸ばす

STEP ❶ カラダの歪みをリセットする

深く伸ばす

1 うつ伏せになり腕を肩幅より開く

うつ伏せになり腕を肩幅よりやや開く。脚は骨盤の幅で開く

2 腕を伸ばして上体を持ち上げる

骨盤を床に押しつけたまま腕を伸ばして上体をゆっくりと持ち上げる

Point ここでも骨盤を浮かせないように注意しよう

STEP ① ▶ 5 かるく伸ばす

Stretch 03 腰

脊柱起立筋・腹斜筋をリセット

1 脚をクロスさせて腕を伸ばす
脚をクロスさせ、腕を背中側に。リラックスした姿勢からスタート

2 ヒジをヒザにかけて上体をひねる
立てたヒザにヒジをかけて上体をひねる。顔も同じ方向に向けること

Point ヒザが寝ると効果は半減。ヒザをしっかりと立たせよう

Another Angle

STEP ❶ カラダの歪みをリセットする

STEP❶
▶6

深く伸ばす

1 腕をクロスさせて逆側の足首をつかむ

脚をやや広めに開きヒザを立てて座る。クロスさせた腕で逆側の足首をつかむ

2 息を吐きながら上体を丸める

フ〜と息をゆっくり吐きながら上体を前に倒す。腰から丸めるイメージ

Another Angle

39

Light かるく伸ばす

STEP ① ▶7

腰 Stretch 04
腹横筋・脊柱起立筋をリセット

1 両ヒザ立ちの姿勢で片方の手首をつかむ
両ヒザをついた姿勢で立ち、片方の手首をもう片方の手でつかむ

Point
曲げた上体につられて骨盤が傾かないように

2 つかんだ手の方へゆっくりと曲げる
手首をつかんだ方向へ上体をゆっくりと曲げる。骨盤から下半身は動かさずキープしたまま

STEP ① カラダの歪みをリセットする

STEP ① ▶8

深く伸ばす

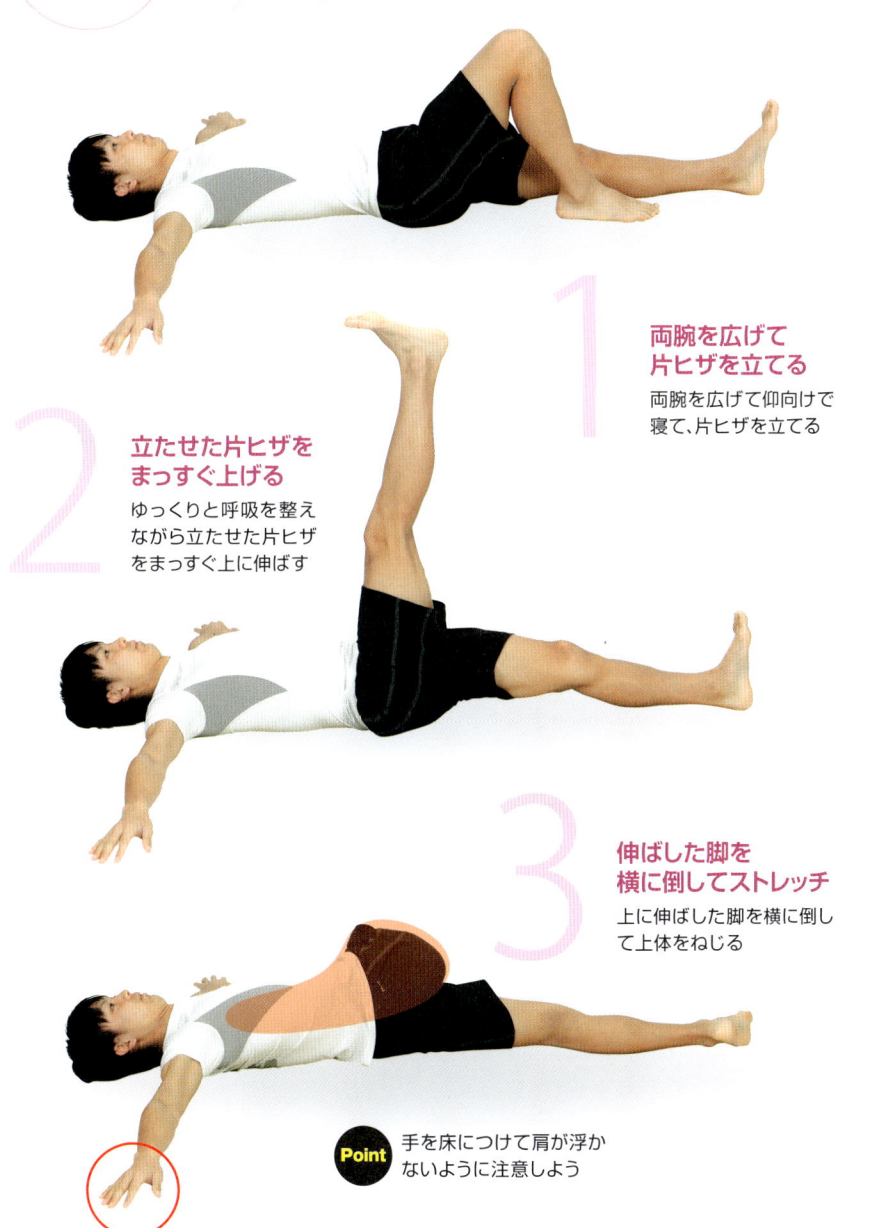

1 両腕を広げて片ヒザを立てる
両腕を広げて仰向けで寝て、片ヒザを立てる

2 立たせた片ヒザをまっすぐ上げる
ゆっくりと呼吸を整えながら立たせた片ヒザをまっすぐ上に伸ばす

3 伸ばした脚を横に倒してストレッチ
上に伸ばした脚を横に倒して上体をねじる

Point 手を床につけて肩が浮かないように注意しよう

STEP ① ▶9 Light かるく伸ばす

お尻

Stretch 05

中臀筋・大臀筋をリセット

1 脚をクロスさせてヒザをつかむ
片側のヒザを立て、両手でそのヒザを抱え込むように座る

2 抱えたヒザを引きつける
ゆっくりと息を吐きながら抱えたヒザを胸側に引きつける

STEP ① カラダの歪みをリセットする

STEP ① ▶10

深く伸ばす

1 片側の脚をヒザの上に乗せる

片方のヒザを立て、もう片方の脚を乗せるようにして座る

2 上体だけをゆっくり起こす

ヒザを脚にかけたまま上体だけをゆっくりと腰から起こす

Point
脚をかけた方のお尻が伸びていることを実感しよう

Light STEP❶ ▶11 かるく伸ばす

股関節

Stretch 06

脊柱起立筋・臀筋群をリセット

1 リラックスして横になる
背骨や骨盤の曲がり、傾きに注意しながら、まっすぐの姿勢のまま横になる

2 片ヒザを抱え込み胸側に引きつける
片ヒザを両手で抱え込み、胸側にゆっくりと引きつける

STEP ① カラダの歪みをリセットする

深く伸ばす

1 片側の脚をヒザの上に乗せる
片方のヒザを立て、もう片方の脚をそのヒザに乗せるようにして座る

2 そのままの姿勢から脚だけを倒す
片ヒザにもう片方の脚を乗せたまま横に倒す。上体は直立の姿勢をキープしておこう

3 ヒザを抱え込み胸側に引きつける
ヒザを両腕で抱え込み胸側にゆっくりと引きつけよう

Light STEP❶ ▶13 かるく伸ばす

ワキ腹
Stretch 07
腹横筋・腹斜筋をリセット

1 片ヒザ立ちのまま まっすぐ立つ
片方のヒザを立たせた姿勢でまっすぐ立つ

Point
太ももからワキ腹がストレッチされていることを実感しよう

2 両手を太ももに添えて上体をひねる
両手を太ももに添えて、その力を利用しながら上体をゆっくりとひねる

STEP ① カラダの歪みをリセットする

深く伸ばす

STEP ❶
▶14

1 うつ伏せで両腕を伸ばす

うつ伏せの上体になり両腕を伸ばす

Another Angle

2 ヒザを引き上げ上体をひねる

ヒザを引き上げ、その方向に上体をひねる。顔をひねるとより効果的

体幹トレーニング 初級編

体幹を固める

まずは体幹の基礎となる腹直筋や腹斜筋、腹横筋といったお腹周りの筋肉を鍛えていく。ゆっくり呼吸をしながら運動することで、新陳代謝も上がるので、ここではゆっくり正確におこなうことを意識しよう。

Step 2

体幹を**固める**
トレーニングの狙い

1 ▶ クランチ系（腹筋）トレーニングで
　　お腹周りを中心に鍛える

2 ▶ お腹周りを鍛えることで
　　体幹の**基礎ベース**が構築される

3 ▶ スロートレーニングによって
　　酸素を多く取り込み**代謝**が上がる

STEP 2-1

体幹を固める 1
お腹を鍛える

ドローイン

お腹の深層部にある筋肉を刺激する基本的な体幹トレーニング

1 鼻から吸い込みお腹を膨らませる

仰向けになり骨盤の幅で脚を開く。5秒かけて鼻から息を吸い込み、お腹を膨らませる

5秒かけて鼻から吸う

Point お腹いっぱいに息を吸い込み、お腹の筋肉を緩める

トレーニングの目安
★5秒かけて鼻から息を吸う
★5秒かけて口から息を吐く
★5回

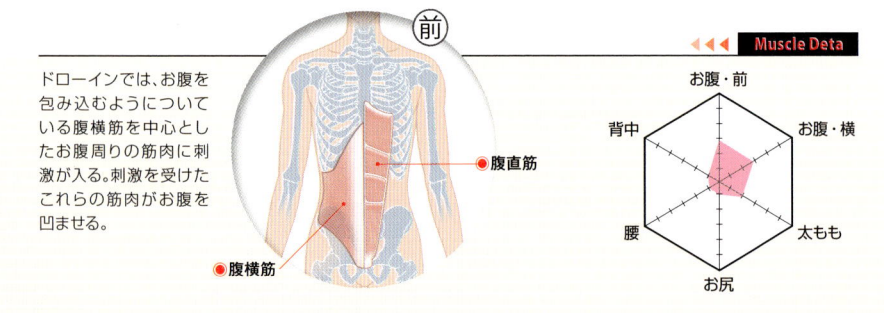

前

● 腹直筋
● 腹横筋

▶▶▶ Muscle Deta

お腹・前／お腹・横／太もも／お尻／腰／背中

ドローインでは、お腹を包み込むようについている腹横筋を中心としたお腹周りの筋肉に刺激が入る。刺激を受けたこれらの筋肉がお腹を凹ませる。

STEP ❷ 体幹トレーニング 初級編 体幹を固める

お腹を縮めるようなイメージ

2 口から吐き出しお腹を凹ませる

5秒かけて口から息を吐き、お腹を凹ませる。腹横筋が使われていることを意識しよう

5秒かけて口から吐く

Point ゆっくりと息を吐き、お腹の前と横の筋肉に働きかける

ココで差がつく

使われている筋肉を触りながらおこなう

お腹の横を触れば、筋肉がしっかり使われているかを確認できる。トレーニングでは使われている筋肉を意識することが大切だ。

STEP 2-2

体幹を固める 2
お腹を鍛える

プレスドローイン

骨盤と背骨を床に押しつけることで体幹をより固めていく

1 両腕を開いてヒザを立てる

両腕を肩のラインに合わせて開き、両ヒザを立てた状態で仰向けになる

Point 正常時では骨盤から背骨は反っている

トレーニングの目安
★5秒キープ
★5回

前頁では腹横筋を意識する基本的なドローインだったが、これは骨盤から背骨を床に押しつけることで脊柱起立筋にも刺激が入る。

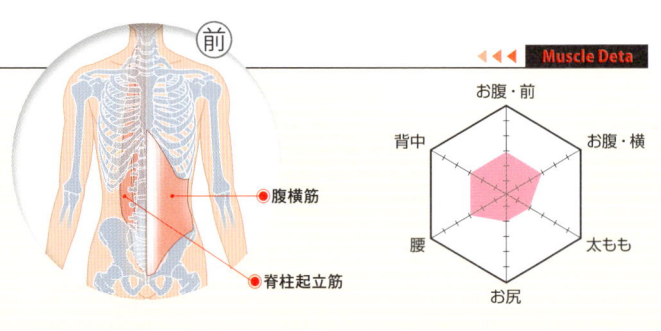

前

- 腹横筋
- 脊柱起立筋

Muscle Deta

- お腹・前
- お腹・横
- 太もも
- お尻
- 腰
- 背中

STEP ❷ 体幹トレーニング 初級編　体幹を固める

骨盤から背骨を**押しつける**イメージ

2 息を吐きながら骨盤を押しつける

息を吐きながら、骨盤から背骨にかけて床に押しつけ5秒キープ

5秒キープ

Point 反っていた骨盤から背骨を押しつける

ココで差がつく
腹横筋の縮まりをイメージしよう

ドローインで最も刺激が入るのは腹横筋。お腹に手を置くことで、この筋肉の働きをイメージしよう。

STEP ❷ ▶3

体幹を固める3

お腹(前)を鍛える

スロークランチ

ゆっくりとおこなえば酸素を多く取り込め代謝も向上する

1 ヒザを立てて両手を床につく

仰向けに寝て両ヒザを立てる。脚は骨盤の幅に合わせて開く

骨盤の幅に合わせて脚を開く

トレーニングの目安
★3秒かけて起きる
★3秒かけて戻る
★5回

体幹トレーニングの基本となるクランチ。腹横筋や腹直筋などお腹周りの筋肉に刺激が入り、骨盤を床に押しつけることで、脊柱起立筋にも刺激が入る。ゆっくりとおこなえば、体内に酸素がめぐり代謝も上がる。

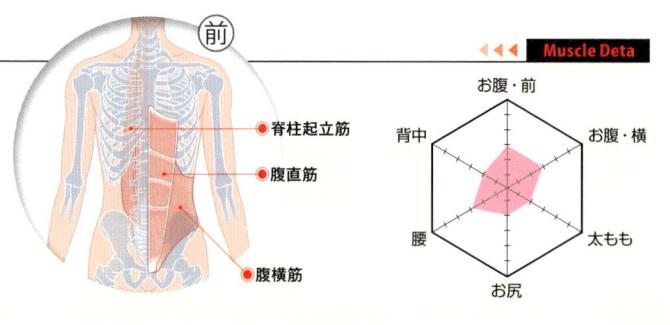

前

● 脊柱起立筋
● 腹直筋
● 腹横筋

Muscle Deta

お腹・前 / お腹・横 / 太もも / お尻 / 腰 / 背中

54

STEP ❷ 体幹トレーニング 初級編 体幹を固める

お腹を支点に起き上がるイメージ

2

**お腹を固めたまま
ゆっくり起きる**

お腹を固めることを意識
しながら、3秒かけてゆっ
くりと上体を起こす

**3秒かけて起き
3秒かけて戻る**

Point 骨盤を床に押しつけ
ながら起き上がる

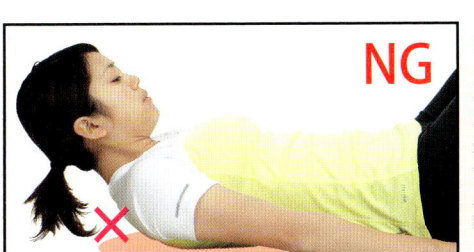

NG

ココで差がつく

**床から肩甲骨を
浮かせているか？**

写真のように顔だけ起き
ているのはNG。お腹を支
点にして肩甲骨が床から
離れるまで浮かすこと。

STEP ❷ ▶4

体幹を固める 4

お腹（前）を鍛える

クイッククランチ

静から動へのクイックな動きを意識しながら起き上がろう

1 ヒザを立てて両手を床につく

仰向けに寝て両ヒザを立てる。
脚は骨盤の幅に合わせて開く

Another Angle
脚は骨盤の幅で開き上半身は床につける

トレーニングの目安
★瞬間的に起きる
★3秒キープ
★5回

Muscle Deta

●腹斜筋
●腹直筋

先ほどのクランチをクイックにおこなうと腹斜筋や腹直筋などお腹周りの筋肉を、しっかりと固定する感覚をつかむことができる。

お腹・前／お腹・横／太もも／お尻／腰／背中

56

STEP ❷ 体幹トレーニング 初級編 体幹を固める

静から動への反応をイメージ

2

**すばやく起き
3秒キープ**

**瞬間的にパッと
起き上がる**
腹筋全体を使って瞬間的に起き上がり、その姿勢を3秒間キープ。反動をつけないこと

Another Angle
肩甲骨までしっかりと浮かせること

NG

ココで差がつく

**脚を上げて反動を
利用していないか？**
脚を上げて反動を利用すればラクに起き上がれるがそれでは効果は薄い。しっかりと腹筋を働かせよう。

STEP ❷ ▶5

体幹を固める 5

お腹(前)を鍛える

スローもも上げクランチ

上体と脚を同時に上げて
お腹全体の筋肉を働かせる

1 ヒザを立てて両手を床につく

先ほどと同様に、仰向けに寝て両ヒザを立てる。脚は骨盤の幅に合わせて開く

Another Angle
リラックスした姿勢からスタートしよう

トレーニングの目安
★3秒かけて起きる
★3秒かけて戻る
★5回

（前）
●腹直筋
●腹斜筋
●大腰筋

骨盤を床に押しつけたまま上体と脚を上げることで、大腰筋や腹直筋に刺激が入る。また腕を上げることで腹斜筋にも効果があり、お腹全体を効率よく鍛えられる。

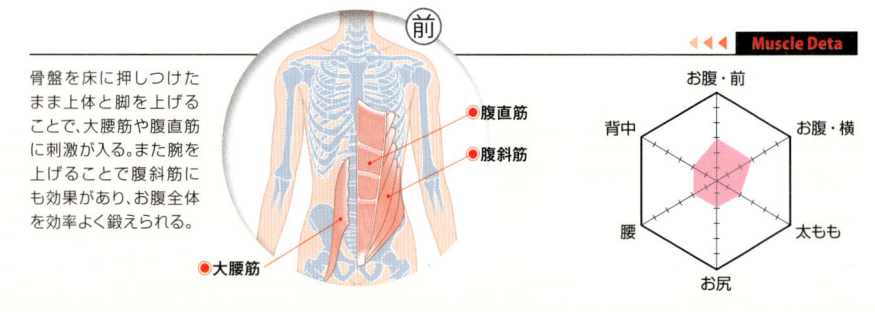

Muscle Deta

お腹・前／お腹・横／太もも／お尻／腰／背中

STEP ❷ 体幹トレーニング 初級編 体幹を固める

腹筋をゆっくり**丸める**イメージ

2

上体と脚を同時に ゆっくり起こす

反動をつけずにゆっくりと起き上がる。腕も床と水平に上げ、脚は90度をキープ

90度

**3秒かけて起き
3秒かけて戻る**

Another Angle
肩甲骨が床から離れるまで起き上がる

NG ×

ココで差がつく

おへその位置まで脚が上がっているか？

脚を上げる目安はおへそ。ここまでしっかりと引き上げることで、腹筋を効果的に働かせることができる。

STEP ❷
▶ 6

体幹を
固める
6

お腹(横)を鍛える

スローツイストクランチ

上体をねじることでお腹の斜めのラインを効果的に鍛える

1

片ヒザを立て一方の腕を伸ばす

仰向けになり、片ヒザを立てる。一方の腕は肩のラインで伸ばし、もう片方はお腹の上

Another Angle
脚は骨盤の幅で開き一方の腕を伸ばす

トレーニングの目安
★3秒かけて起きる
★3秒かけて戻る
★左右5回ずつ

◀◀◀ **Muscle Deta**

前

● 腹直筋
● 腹斜筋
● 大腰筋

脚を上げるクランチなので腹直筋や大腰筋にも刺激が入るが、上体をねじることで一番刺激が入るのは腹斜筋。このお腹の横を意識しながらやってみよう。

レーダーチャート: お腹・前／お腹・横／太もも／お尻／腰／背中

60

STEP ❷ 体幹トレーニング 初級編 体幹を固める

ねじった方の腕で**物を取る**イメージ

2 上体をねじり上げ 脚とクロスさせる

上体と脚を同時にゆっくり上げる。カラダをねじることで腹斜筋を効果的に働かせる

**3秒かけて起き
3秒かけて戻る**

Point 骨盤を床に押しつけながらお腹の横に意識を向けよう

NG / **OK**

ココで差がつく
**ヒジをついて
ラクをしていないか？**

上体を上げるときにヒジを曲げていると腹筋が効果的に使われない。ラクをせずヒジは伸ばしておこう。

STEP ❷ ▶7

体幹を固める 7

お腹(横)を鍛える

スロークロスクランチ

ヒジとヒザの引きつけ動作でお腹周りを効果的に鍛える

1 片ヒザを立て 腕は頭の下

仰向けで片ヒザを立て、逆側の腕を頭の下に置く。もう一方の腕と脚は伸ばしたまま

トレーニングの目安

★3秒かけて起きる
★3秒かけて戻る
★左右5回ずつ

Muscle Deta

先ほどのツイストクランチより負荷を高めた。ヒジとヒザの引きつけ動作で腹斜筋をはじめ、腹直筋や大腰筋にも効果的に刺激が入る。

前

● 腹直筋
● 腹斜筋
● 大腰筋

お腹・前／お腹・横／太もも／お尻／腰／背中

62

STEP ❷ 体幹トレーニング 初級編 体幹を固める

お腹で起きるイメージ

2 ヒジとヒザをくっつける

上体と脚を同時に引き上げて、おへその上でくっつける。ゆっくり3秒かけておこなおう

脚はおへその上まで持ってくる

Point ヒジとヒザをくっつけるときに骨盤が浮かないように

NG

ココで差がつく
ヒジとヒザがくっつかない

おへその上でくっつかなければ、腹筋への効果は薄い。少しずつでもくっつけられるようになろう。

STEP ❷ ▶8

体幹を固める8

お腹を鍛える

スローVクランチ

伸ばした腕と脚を同時に引き上げることで骨盤周りを固める

1 対角線上に腕と脚を伸ばす

仰向けで横になり片ヒザを立てる。対角線上になる腕と脚はまっすぐ伸ばす

Another Angle
もう片方の腕は45度の角度で伸ばす

45度

トレーニングの目安
★3秒かけて起きる
★3秒かけて戻る
★左右5回ずつ

腕と脚を伸ばした状態で引き上げるので、お腹周りへの負荷が増す。これにより腹直筋や腹斜筋、インナーマッスルの大腰筋などを効果的に鍛えられる。

前

● 腹直筋
● 腹斜筋
● 大腰筋

Muscle Deta

お腹・前
お腹・横
太もも
お尻
腰
背中

STEP ❷　体幹トレーニング 初級編　体幹を固める

お腹から**2つに折る**イメージ

Point 骨盤を床に押しつけながら腕と脚を同じ高さまで上げる

**3秒で上げて
3秒で下げる**

2 V字になるように腕と脚を上げる

伸ばした腕と脚を同時に上げてお腹周りを固めていく

NG ✗

ココで差がつく

同じ高さまで上げているか?

お腹を中心として、伸ばした腕と脚を同じ高さまで上げるのが理想的。ゆっくり負荷をかけながらおこなおう。

STEP ❷ ▶9

体幹を固める 9

お腹(前)を鍛える

ダブルニートゥーチェスト

股関節を屈曲させて下腹部を中心的に鍛える

1 骨盤を押しつけ脚を90度に浮かせる

両ヒジを肩幅に広げ、ヒザと足首を90度に曲げる。骨盤を押しつけてからスタート

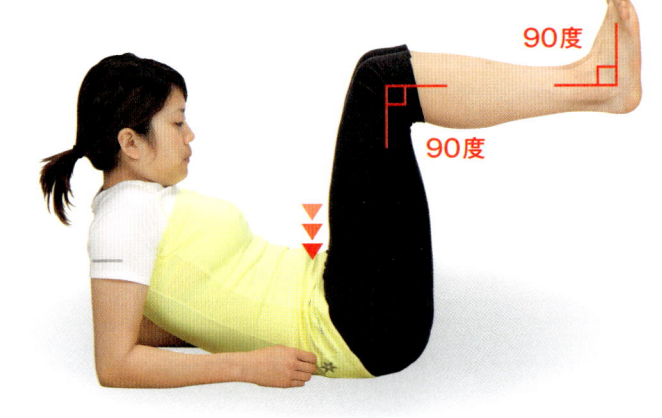

90度
90度

Another Angle
肩の下にヒジをつき 脚は骨盤の幅に開く

トレーニングの目安
★10回
★5セット

Muscle Deta

股関節を屈曲させながらお腹に力を入れることで、大腰筋や腹直筋下部に効果的に刺激を入れることができる。ゆっくりおこなうとさらに負荷が高まる。

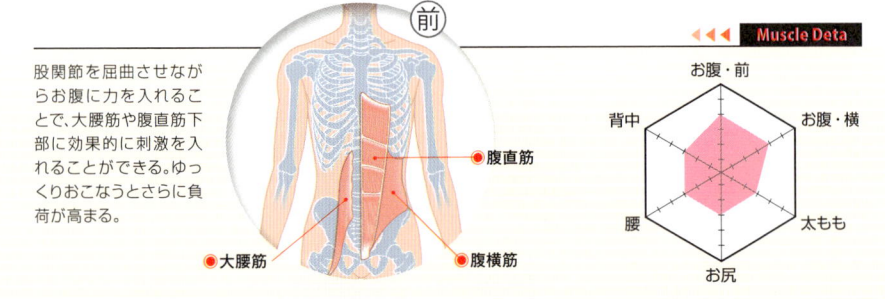

前

- 腹直筋
- 大腰筋
- 腹横筋

レーダーチャート：
- お腹・前
- お腹・横
- 太もも
- お尻
- 腰
- 背中

66

STEP ❷ 体幹トレーニング 初級編　体幹を固める

太もも付け根の伸縮をイメージ

2 ゆっくりと脚を引き寄せる

ヒザをゆっくりと顔に近づける。骨盤が浮かないように、しっかりと床に押しつける

10回連続×5セット

Point ヒザは胸まで引き寄せ、骨盤は固めて押しつける

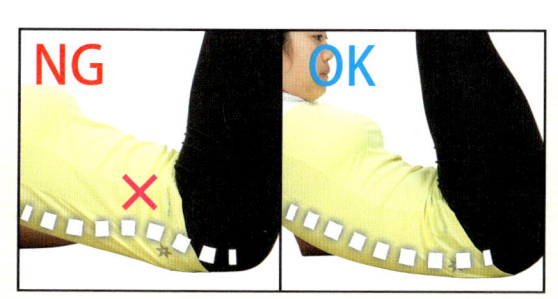

NG / **OK**

ココで差がつく

骨盤を床に押しつけているか？

骨盤を床に押しつけることはクランチ系体幹トレーニングの基本。効果的にお腹を鍛えるには欠かせない。

体幹トレーニング 中級編

体幹を安定させる

前章ではカラダの前面を中心に鍛えたので、この章ではカラダの背面を中心に鍛える。これによってカラダを前後から支えることができるので体幹が安定する。

Step 3

体幹を安定させる
トレーニングの狙い

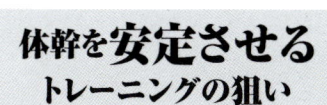

1 ▶ 脊柱や臀筋、広背筋などカラダの
後ろ側の筋肉を中心に鍛える

2 ▶ カラダの前後を鍛えることで
体幹部を**安定**させる

3 ▶ 臀筋群や脊柱起立筋を使って
骨盤を**固定**する感覚を身につける

STEP 3 ▶1

体幹を安定させる 1

腰・お尻を鍛える

スローバックブリッジ

腰やお尻の筋肉でカラダを下から支え体幹の安定性を高める

1 仰向けになり両ヒザを立てる

ヒザを立てた状態で仰向けになる。背骨や骨盤が傾いていないか意識しよう

Another Angle
脚は骨盤と同じ幅で開く

トレーニングの目安
- ★3秒かけて上げる
- ★3秒かけて下げる
- ★5回

カラダで1本のラインを作るためには、下から脊柱起立筋と大臀筋でしっかりと支える必要がある。また広背筋やハムストリングスにも確かな効果がある。

●広背筋
●脊柱起立筋
●大臀筋

Muscle Deta

お腹・前／お腹・横／太もも／お尻／腰／背中

STEP ③ 体幹トレーニング 中級編　体幹を安定させる

お尻と太ももで骨盤を安定させるイメージ

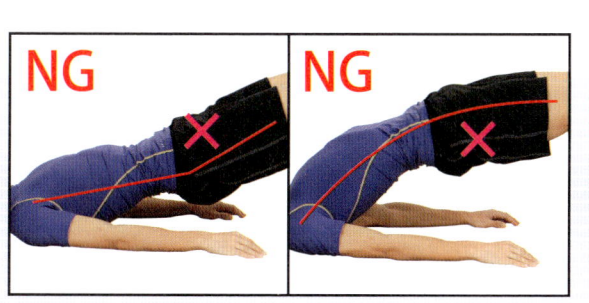

2 ゆっくりと
骨盤を浮かせる

3秒かけて骨盤を浮かせて、カラダをまっすぐにしたら再び3秒かけて下ろす

カラダを1本の棒にしよう

Point 肩からヒザまでが、一直線になるように

NG

NG

ココで差がつく

カラダが一直線になっているか？

骨盤が上がっていないのはダメだが、上がりすぎも腰に負担がかかりNG。あくまでも1本の棒を目指そう。

STEP 3-2

体幹を安定させる 2
腰・お尻を鍛える

クイック片脚バックブリッジ

一方の脚を伸ばすことで、さらなる体幹の安定性が望める

1 両ヒザを立て仰向けになる
仰向けになり両ヒザを立てる。脚は骨盤の幅に広げる

トレーニングの目安
★瞬間的に伸ばす
★5秒キープ
★左右5回ずつ

◀◀◀ **Muscle Deta**

前頁のバックブリッジに脚の引き上げをプラスしたトレーニング。体幹部にさらなる負荷が増すだけではなく、上げた脚側の腹横筋にも効果がある。

● 腹横筋
● 脊柱起立筋
● 大臀筋

お腹・前 / お腹・横 / 太もも / お尻 / 腰 / 背中

72

STEP ③ 体幹トレーニング **中級編** 体幹を安定させる

静▶動▶静の**すばやい切り替え**をイメージ

2 すばやく脚を伸ばし カラダを一直線に

瞬間的に骨盤を持ち上げ脚を伸ばす。反りすぎに注意してすばやくおこなう

瞬間的に伸ばし 5秒キープ

Point
すばやいだけではなく骨盤を水平に保つ正確さも意識しよう

NG **OK**

ココで差がつく

骨盤の水平を保っていられるか？

勢いよく脚を伸ばすと、そのまま骨盤も傾いてしまうことがあるが、これでは効果は薄い。しっかりと骨盤は安定させておこう。

STEP 3-3

体幹を安定させる 3
体幹部全体を鍛える

スローサイドブリッジ

腹横筋を中心に鍛えられるオーソドックスな体幹トレーニング

1 横向きになりヒジをつく

肩の下にヒジを置き、もう片方の腕は腰。骨盤が前後に傾かないように注意

Another Angle
骨盤が前後しないようにまっすぐ構える

トレーニングの目安
★3秒かけて上げる
★3秒かけて下げる
★左右5回ずつ

Muscle Deta

●体幹部全体

骨盤を下から支える腹横筋を中心に、前後の安定を保つために脊柱起立筋や中臀筋にも刺激が入る。体幹部全体の安定には欠かせないトレーニングだ。

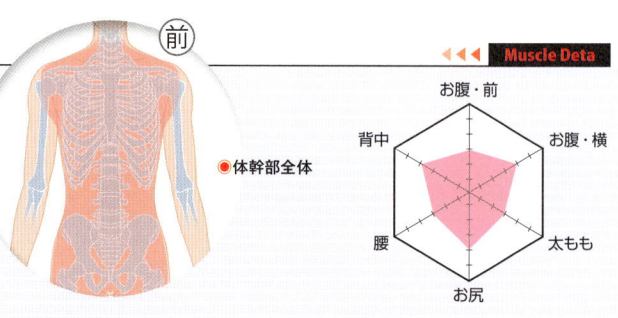

お腹・前／お腹・横／太もも／お尻／腰／背中

74

STEP ③ 体幹トレーニング 中級編　体幹を安定させる

お腹の横で**持ち上げる**イメージ

2
3秒かけて上げ1直線を作る
骨盤を下から支えカラダを1本の棒にし、前後にブレないように意識しよう

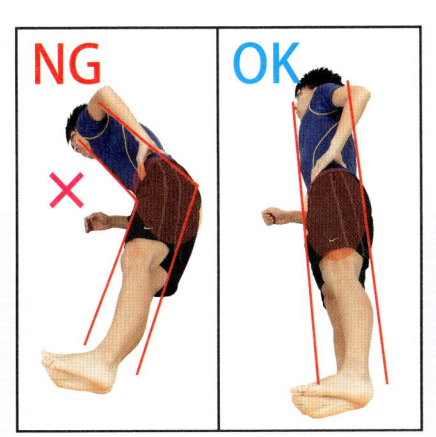

Point 骨盤の安定を意識しながらおこなう

NG / **OK**

ココで差がつく
骨盤が傾いていないか？
下から持ち上げたときに骨盤が前後に傾いては体幹部の安定は難しい。しっかりと骨盤を固定させたい。

STEP 3 ▶ 4

体幹を安定させる 4

体幹部全体を鍛える

フロントブリッジ

前後左右からカラダを支え体幹部全体の安定性を養う

1 両ヒジをつきうつ伏せになる
肩の下に両ヒジをつき、脚はやや広めに開く

Another Angle
腕は肩幅に開き、脚は骨盤よりやや広め

トレーニングの目安
★10秒キープ
★3回

体勢をキープするには、インナーの脊柱起立筋や腹横筋をはじめ、アウターの腹直筋や大臀筋、広背筋など体幹部全体の筋肉を総動員する必要がある。

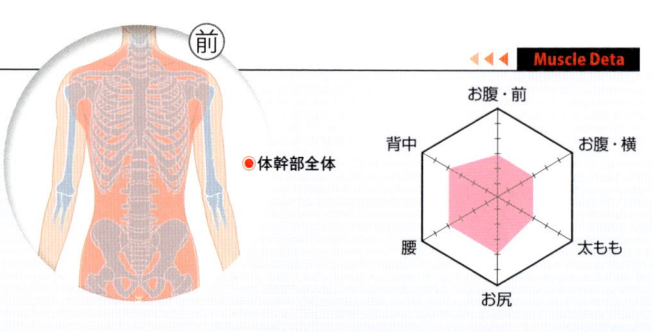

前 ●体幹部全体

Muscle Deta
- お腹・前
- お腹・横
- 太もも
- お尻
- 腰
- 背中

STEP ③ 体幹トレーニング 中級編　体幹を安定させる

背中に**物を載せる**イメージ

2 1本の棒のように骨盤を持ち上げる

骨盤の平行を保ったまま持ち上げる。上げすぎず、下げすぎず1本の棒のように

1本の棒にして10秒キープ

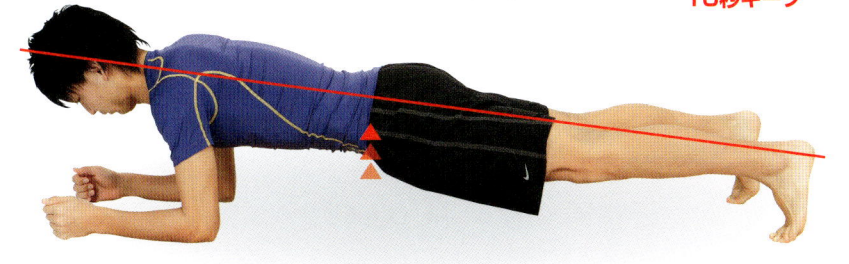

Point 骨盤を安定させたままカラダを持ち上げることが大切

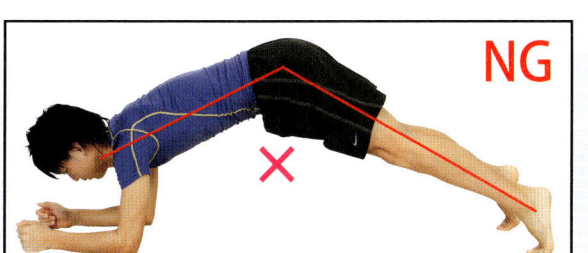

NG

ココで差がつく

カラダが一直線になっているか？

ここでラクをすると写真のようにお尻が上がりすぎることがある。これでは体幹部への効果は薄い。

STEP ❸
5

体幹を
安定させる
5

背中・お尻
を鍛える

バックキック

四つんばいの姿勢から脚を伸ばして体幹の背面を鍛える

1 ヒジとヒザをつき四つんばいになる

肩の下にヒジを置き、骨盤の幅で脚を開く。頭は上げすぎないこと

Another Angle
腕は肩幅、脚は骨盤に合わせて開く

トレーニングの目安
★10秒キープ
★左右3回ずつ

四つんばいの姿勢から脚を引き上げることで、インナーの脊柱起立筋やアウターの広背筋、大臀筋など、背面部の筋肉を中心に刺激を入れることができる。

後

● 広背筋
● 脊柱起立筋
● 大臀筋

◀◀◀ **Muscle Deta**

お腹・前
お腹・横
背中
太もも
腰
お尻

STEP ③ 体幹トレーニング 中級編　体幹を安定させる

背中の延長線上に脚を伸ばすイメージ

2 そのままの姿勢で片脚だけを上げる

頭や上体は動かさずに片方の脚だけを上げる。骨盤を安定させたままおこなうこと

脚を上げて10秒キープ

Point 頭から脚先までが1直線になるように意識しよう

NG ×　OK

ココで差がつく

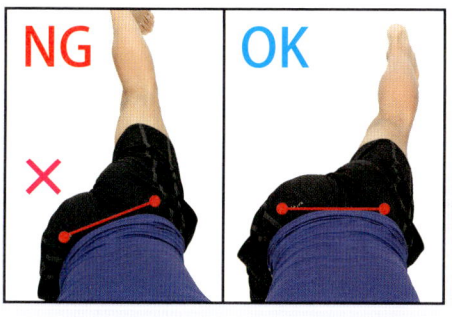

骨盤の水平を保っているか?

脚を上げすぎると骨盤が傾いてしまう。骨盤の水平を保てる高さまで上げたら、そこでキープしよう。

STEP ③ ▶ 6

体幹を安定させる 6
体幹部全体を鍛える

片手フロントブリッジ

フロントブリッジを片方の腕でおこなえばさらに効果的

1 フロントブリッジの完成形からスタート

肩の下に両ヒジを置き、骨盤の幅より脚を少し開いて骨盤を持ち上げた姿勢でスタート

Another Angle
腕は肩幅に開き、脚は骨盤より少し広め

トレーニングの目安
★3秒キープ
★左右3往復

フロントブリッジの完成形がスタート姿勢になるこのトレーニングは、脊柱起立筋や広背筋、腹横筋や腹直筋など体幹部全体に効果的に刺激を入れられる。

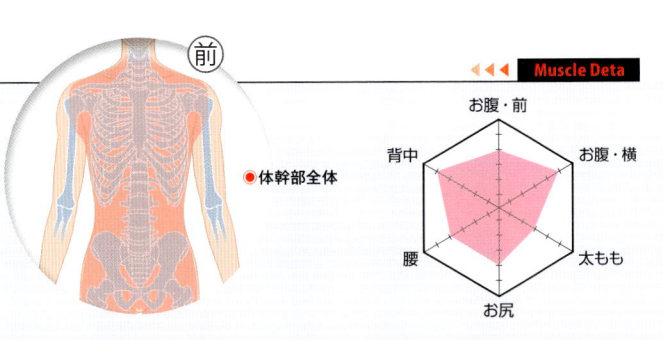

前

● 体幹部全体

◀◀◀ **Muscle Deta**

お腹・前 / お腹・横 / 太もも / お尻 / 腰 / 背中

80

STEP ③ 体幹トレーニング 中級編 体幹を安定させる

骨盤の水平を保つイメージ

2 左右の腕を交互に伸ばす

指先から脚までが1直線になるように腕を伸ばす。当然骨盤は安定させておくこと

腕を交互に伸ばして3秒キープ

Point 腕を替えるときもカラダをブラさず骨盤の安定を意識

× NG / OK

ココで差がつく

腕を伸ばしても水平を保てるか？

腕を伸ばすことで体幹部への負荷を高めているが、このとき骨盤の水平が保てないと、その効果は薄い。

STEP 3
▶7

体幹を
安定させる
7
体幹部全体
を鍛える

ヒザ曲げサイドブリッジ

ヒザを曲げるという不安定な姿勢を作ることで負荷が高まる

1 片ヒジをついてヒザを曲げる

肩の下にヒジをつき、ヒザを曲げて骨盤を床につける

Another Angle
骨盤の傾きに気をつけながらヒザを折る

トレーニングの目安
★5秒キープ
★左右3回ずつ

◀◀◀ **Muscle Deta**

意図的に不安定な体勢を作るヒザ曲げサイドブリッジで姿勢をキープするためには、側面だけではなく、体幹部全体の筋肉が必要になる。

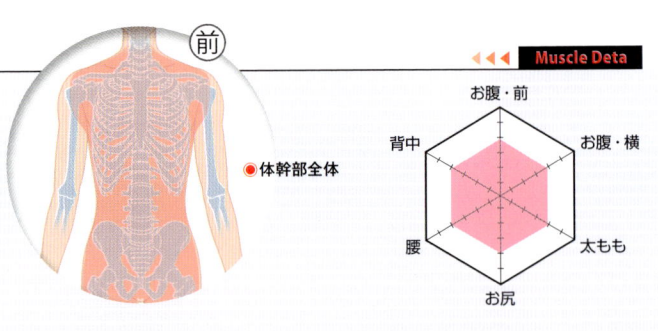

前
● 体幹部全体

お腹・前
お腹・横
太もも
お尻
腰
背中

82

STEP 3 体幹トレーニング 中級編 体幹を安定させる

ボールを**蹴る前**のイメージ

2 ヒザを曲げたまま骨盤を持ち上げる

ヒザを曲げた不安定な姿勢のまま骨盤を持ち上げる。この姿勢で体幹の安定を高める

ヒザを曲げて5秒キープ

Point 不安定な体勢であっても骨盤の安定を意識しよう

NG ／ OK

ココで差がつく

脚を上げたとき傾いていないか？

不安定になるとどうしてもカラダがブレてしまうが、この不安定な状況でこそ、体幹の安定性を養いたい。

STEP ③ ▶ 8

体幹を安定させる 8

腰・お尻を鍛える

Tバランス

アンバランスな状態で片脚立ちをすることで安定性を養う

1 腕をクロスして直立する

両脚を骨盤の幅で開き、腕を胸の前でクロスさせ直立する

トレーニングの目安
★5秒キープ
★左右3往復

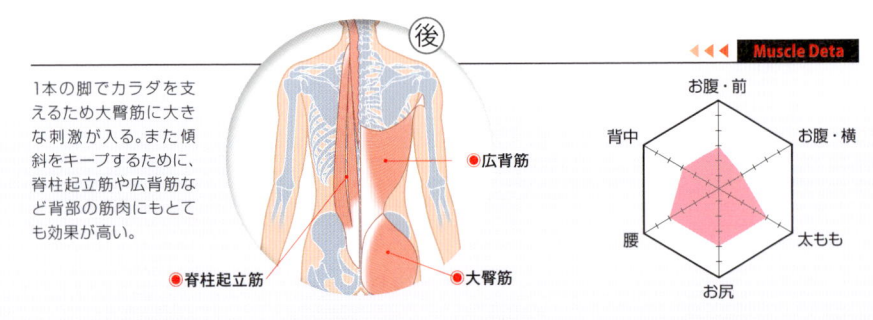

Muscle Deta

（後）
●広背筋
●脊柱起立筋
●大臀筋

1本の脚でカラダを支えるため大臀筋に大きな刺激が入る。また傾斜をキープするために、脊柱起立筋や広背筋など背部の筋肉にもとても効果が高い。

お腹・前／お腹・横／太もも／お尻／腰／背中

STEP ③ 体幹トレーニング 中級編　体幹を安定させる

お尻で**カラダを支える**イメージ

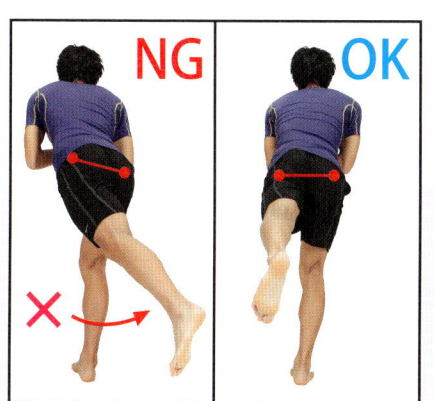

2

ヒザを曲げて
片方の脚を伸ばす

ヒザをかるく曲げて上体を
前に倒しながら脚を伸ばす。
頭から脚までを1直線に

Point 片脚でカラダを支え、体幹力で安定性を保つ意識

5秒キープを
脚を交互に3往復

NG　OK

ココで差がつく

片脚立ちでも
骨盤は水平か？

不安定な片脚立ちだ
と、伸ばした脚が内側
に入り骨盤が傾いて
しまうことが多い。こ
れでは体幹の安定性
向上は望めない。

STEP ③ ▶9

体幹を安定させる 9
体幹部全体を鍛える

クイック脚上げクランチ

瞬間的な脚上げからのキープで実践的な体幹の安定性を養う

1 ヒザを立てて手の平をワキ腹へ

ヒザを立てた状態から、肩の下に両ヒジをつき、手の平をワキ腹に置く

Another Angle
両ヒジは肩の真下にくるように

トレーニングの目安
★瞬間的に上げる
★3秒キープ
★5回

◀◀◀ **Muscle Deta**

● 体幹部全体

お腹・前／お腹・横／太もも／お尻／腰／背中

止まった状態からすばやく動き、また止まるという実践的な体幹トレ。お腹を固めて脚を上げるので、腹直筋をはじめ、脊柱起立筋や大腰筋など広範囲に刺激が入る。

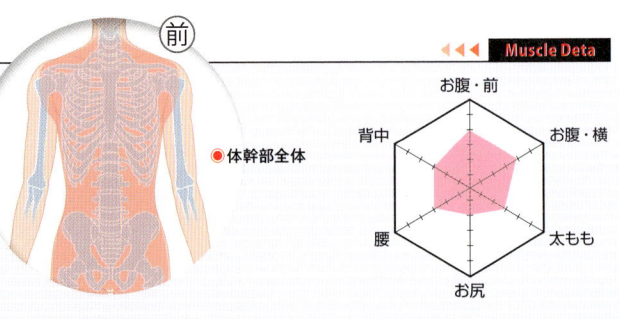

| STEP ③ 体幹トレーニング 中級編　体幹を安定させる

脚を**跳ね上げる**イメージ

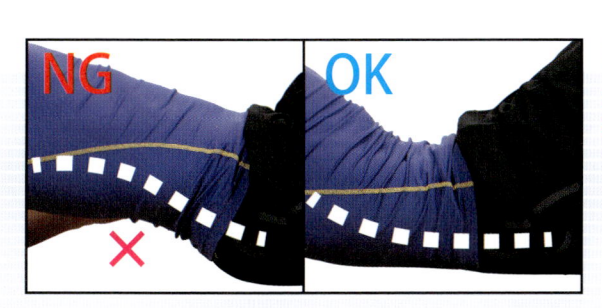

2 お腹を固めた瞬間に両脚を上げる

骨盤を床に押しつけてお腹を固めた瞬間に、両脚を上げる

すばやく上げて3秒キープ

Another Angle
両脚は骨盤の幅で上げる

NG ✗　**OK**

ココで差がつく
床に骨盤を押しつけているか？

骨盤を床に押しつけお腹を固めてから脚を上げるのがポイント。ただの脚上げ動作にならないように注意しよう。

体幹トレーニング 上級編

体幹を連動させる

Step 4

前章までのトレーニングによって体幹を前後から安定させる筋肉を構築できた。ここからは、それら体幹全体や体幹と腕や脚の連動性を意識的に鍛え上げる。より実践的なアスリートに向けトレーニングだ。

体幹を**連動させる**
トレーニングの狙い

1 ▶ 体幹部全体を
   同時に連動させて鍛える

2 ▶ 体幹部と四肢を連動させた
   実践的なトレーニングで
   パフォーマンスを上げる

3 ▶ クイックトレーニングで
   すばやく体幹を動かす
   （または固定する）感覚を身につける

STEP 4-1

体幹を連動させる 1
お腹（前）を鍛える

連続脚上げクランチ

お腹を固定したままでの脚の引き上げ動作で腹筋周りを強化

1 お腹を固めて片ヒザを立てる

お腹を固めて骨盤を床に押しつけてから、片方のヒザを立たせ、もう片方を伸ばす

トレーニングの目安

★左右20回ずつ

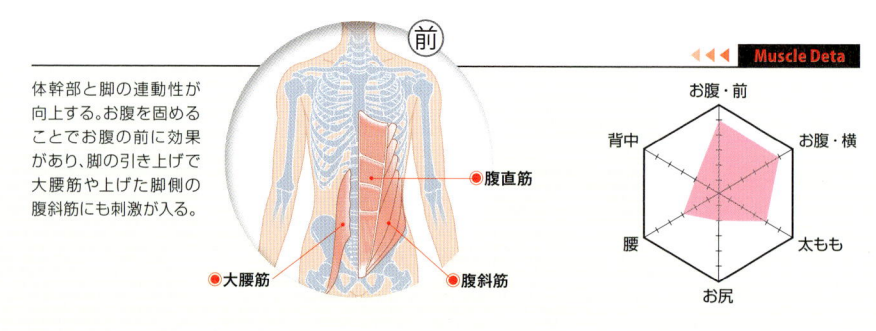

Muscle Deta

体幹部と脚の連動性が向上する。お腹を固めることでお腹の前に効果があり、脚の引き上げで大腰筋や上げた脚側の腹斜筋にも刺激が入る。

前
● 腹直筋
● 大腰筋
● 腹斜筋

お腹・前 / お腹・横 / 太もも / お尻 / 腰 / 背中

STEP 4 体幹トレーニング 上級編 体幹を連動させる

脚の**付け根から**動かすイメージ

2

**リズムよく
片脚を上下させる**
お腹を固めた状態で片脚をリズムよく上下させる

**リズムよく
連続20回**

Point お腹を固めた状態をキープすること

NG ✕

OK

ココで差がつく

**お腹を固めたまま
キープできているか？**
脚を上下させるときに骨盤を床に押しつけていないと体幹部へのトレーニングにはならないので注意しよう。

STEP 4-2
体幹を連動させる 2
お腹（前）を鍛える

連続ニートゥーチェスト

お腹を固めたまま脚を引きつけ、体幹と脚の連動性を高める

1 お腹を固めて両ヒザを立てる

お腹を固めて骨盤を床に押しつけた状態で両ヒザを立てる

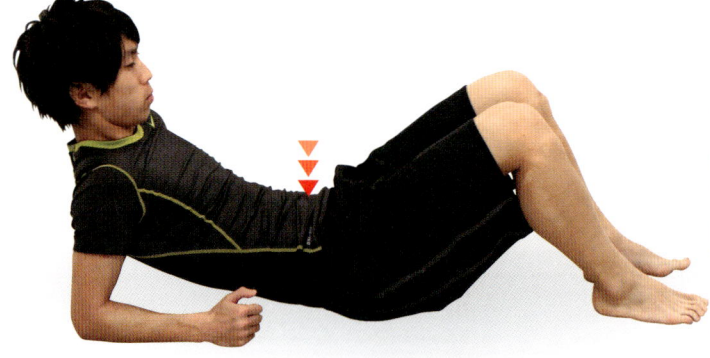

Another Angle
両ヒジは肩の下、両脚は骨盤の幅

トレーニングの目安
★左右20回ずつ

前

体幹部と脚の連動性を高めるトレーニング。腹斜筋や腹直筋、大腰筋などに効果的な刺激が入る。フッと息を吐くことでさらにインナーへの効果も高まる。

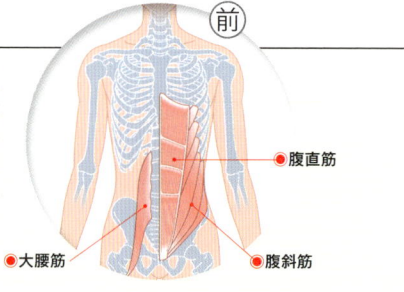

- 大腰筋
- 腹直筋
- 腹斜筋

Muscle Deta

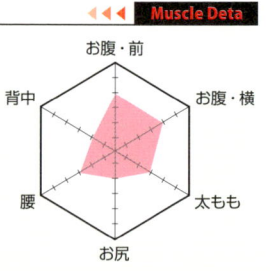

- お腹・前
- お腹・横
- 太もも
- お尻
- 腰
- 背中

STEP 4 体幹トレーニング 上級編 体幹を連動させる

太もも付け根の筋肉をイメージ

2 お腹を固めたまま片脚を引きつける

骨盤を床に押しつけてお腹を固めたまま、片脚を地面と平行にリズムよく引きつける

フッ、フッ、フッと息を吐きながら

Point 息を吐きながら引きつけると効果的に刺激が入る

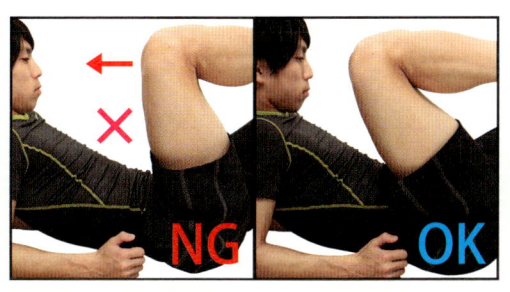

ココで差がつく
脚の引きつけが弱くないか？

太もも付け根に意識を置き、息を吐きながら脚を引きつけることで、お腹周りに働きかけることができる。

NG / OK

STEP ④▶3

体幹を連動させる3

体幹部全体を鍛える

クイックサイドブリッジ

すばやくカラダを持ち上げることで側面の筋肉に刺激を入れる

1 肩ヒジをついて カラダをまっすぐに

肩の下にヒジを置き、カラダをまっすぐに保ったまま横になる。もう一方の手は腰へ

Another Angle
カラダが傾いていないか注意しよう

トレーニングの目安
★瞬間的に上げる
★3秒キープ
★左右10回ずつ

前

●体幹部全体

骨盤を持ち上げる腹横筋や腹斜筋、カラダのバランスを保つ脊柱起立筋や中臀筋などにバランスよく刺激が入る。骨盤の安定をしっかり意識しておこなおう。

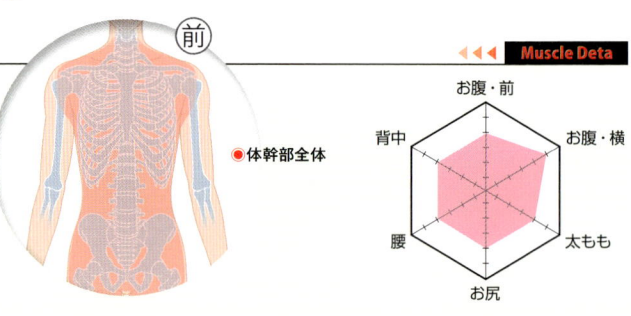

◀◀◀ **Muscle Deta**

お腹・前 / お腹・横 / 太もも / お尻 / 腰 / 背中

94

STEP ❹ 体幹トレーニング 上級編　体幹を連動させる

下から支える**腹横筋**をイメージ

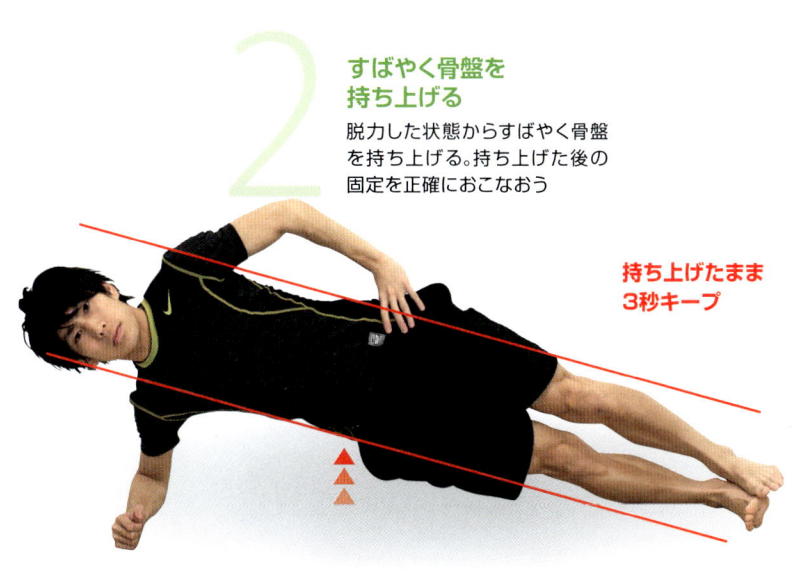

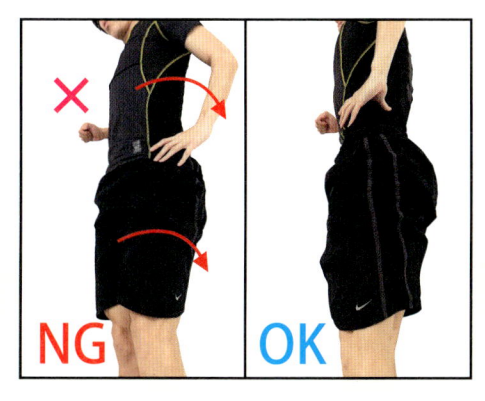

2 すばやく骨盤を持ち上げる

脱力した状態からすばやく骨盤を持ち上げる。持ち上げた後の固定を正確におこなおう

持ち上げたまま3秒キープ

Point すばやく持ち上げたら、正確にカラダを固定しよう

ココで差がつく

骨盤を固定できているか？

カラダを支えることができずに骨盤が前後に傾くと、体幹部への働きかけが薄くなる。ラクをせず骨盤を固定させることが大切。

STEP ❹
▶ 4

体幹を
連動させる
4

お腹(前)
を鍛える

クイックもも上げクランチ

瞬間的に起き上がり、お腹の内側と外側の筋肉を連動させる

1

両ヒザを立ててリラックス
脚を骨盤の幅で開き背骨をまっすぐに。腕は自然に伸ばす

トレーニングの目安
★瞬間的に起きる
★3秒キープ
★10回

◀◀◀ **Muscle Deta**

もも上げクランチをゆっくりおこなうと、大腰筋や腹横筋に効果的に刺激が入るが、瞬間的におこなうことで、同時に腹直筋や腹斜筋にも大きな刺激が入る。

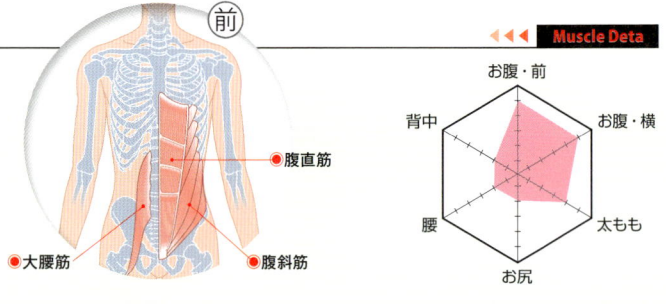

前

●腹直筋
●大腰筋
●腹斜筋

お腹・前 / お腹・横 / 太もも / お尻 / 腰 / 背中

96

顔とヒザを**近づける**イメージ

2 瞬間的にお腹を固め上体と脚を起こす

リラックス状態から一転、瞬間的に腹筋を固め、脚を上げて上体を起こし3秒キープ

カラダを静止させ3秒キープ

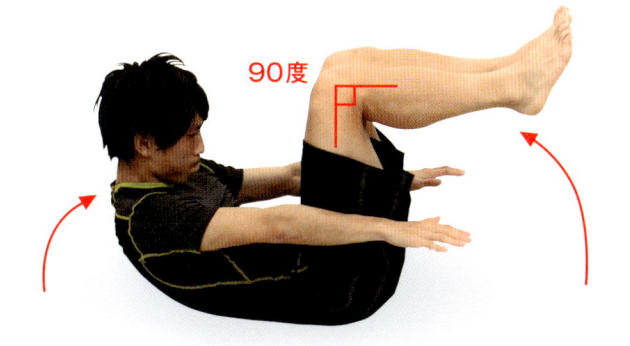

90度

Point 骨盤を安定させカラダを静止させる

NG

ココで差がつく

しっかりと肩甲骨を上げているか？

顔だけを上げてもお腹周りの筋肉は働かない。腹筋を支点に上体をしっかりと上げよう。目安は肩甲骨が床から離れているかどうかだ。

STEP 4 ▶ 5

体幹を連動させる 5
お腹を鍛える

クイッククロスクランチ

ワキ腹から対角線の大腰筋までを連動させるトレーニング

1 仰向けに寝て片ヒザを立てる

一方の腕を肩のラインで伸ばし、もう一方を頭の下に。脚は一方のヒザを立てる

Another Angle
脚は骨盤の幅で開くこと

トレーニングの目安
★瞬間的に起きる
★3秒キープ
★左右10回ずつ

Muscle Data

前

- 腹斜筋
- 大腰筋
- 腹横筋

瞬間的に上体をひねることでインナーの腹横筋とアウターの腹斜筋が連動する。また脚を引き上げるために大腰筋も刺激される。

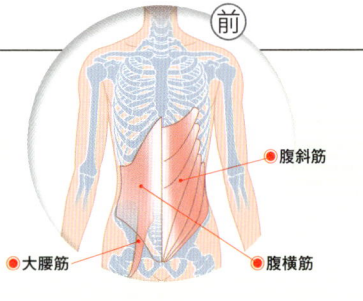

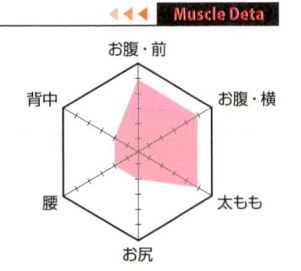

98

対角線に働く腹筋をイメージ

2 瞬間的に起き ヒジとヒザをつける

お腹を固めたら瞬間的に起き上がりヒジとヒザをつける。ヒザはおへそまで上げること

くっつけたまま3秒キープ

Point ヒジとヒザをおへその上でしっかりとくっつける

NG

ココで差がつく

ヒジとヒザが離れていないか？

腹筋が弱いと当然くっつかないが、股関節が硬い人も脚を引き上げられずくっつかないことがある。

STEP 4 ▶ 6

体幹を連動させる 6

背中・お尻を鍛える

クイックバッククロス

腕と脚をすばやく伸ばすことで体幹背面部の連動性を高める

1 両手と両ヒザをつき四つんばいになる

肩の下に両手をつき、両脚は骨盤の幅に合わせて広げる

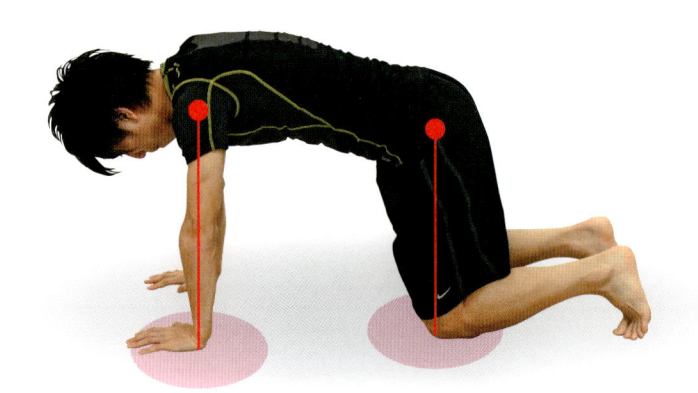

トレーニングの目安

- ★瞬間的に伸ばす
- ★3秒キープ
- ★左右10回ずつ

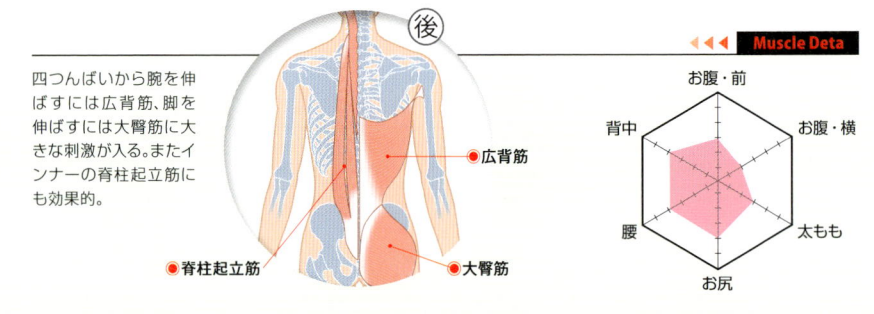

◀◀◀ Muscle Deta

四つんばいから腕を伸ばすには広背筋、脚を伸ばすには大臀筋に大きな刺激が入る。またインナーの脊柱起立筋にも効果的。

● 広背筋
● 脊柱起立筋
● 大臀筋

（後）

レーダーチャート：お腹・前／お腹・横／太もも／お尻／腰／背中

100

STEP ❹ 体幹トレーニング 上級編 体幹を連動させる

腕と脚だけが**すばやく動く**イメージ

2 瞬間的に腕と脚を斜めに伸ばす

骨盤を固定させたまま、すばやく腕と脚を斜めに伸ばす。カラダがブレないように注意

伸ばしたまま 3秒キープ

Another Angle
対角線上の腕と脚を伸ばすこと

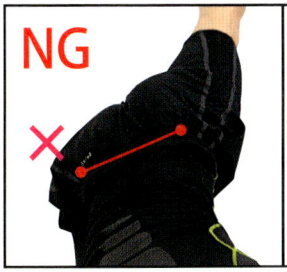

NG ✕

OK

ココで差がつく

骨盤が傾いていないか？

腕と脚を勢いよく伸ばしたときに骨盤がブレてしまってはもったいない。体幹トレでは骨盤の固定は必須だ。

STEP 4
▶7

体幹を
連動させる
7

お腹(横)
を鍛える

クイックサイド
クランチ

ワキのすばやい伸縮でワキ腹と
お尻側面の筋肉を連動させる

1 脚を開いて一方の腕を頭に

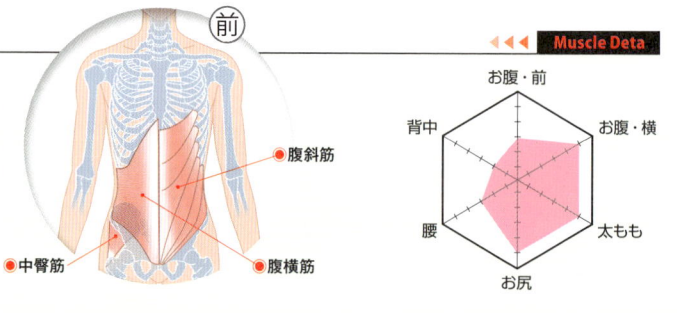

両脚を骨盤の幅で開き、片方の腕を頭の後ろに置き、もう片方を腰に添える

トレーニングの目安

★瞬間的に縮める
★2秒キープ
★左右5回ずつ

体幹側面のトレーニング。クイックにおこなえば、インナーの腹横筋とアウターの腹斜筋、脚を横に引き上げる中臀筋が同時に使われるので連動性も高まる。

前

● 腹斜筋
● 中臀筋
● 腹横筋

Muscle Deta

お腹・前/お腹・横/太もも/お尻/腰/背中

102

STEP ④ 体幹トレーニング 上級編　体幹を連動させる

ヒジとヒザを**くっつける**イメージ

2 瞬間的に脚を上げワキ腹を縮める

脚を太もも付け根から上げて、ワキ腹を縮めるようにヒジを下げる

縮めたまま
2秒キープ

Point
カラダが前後に
傾かないように

NG × / OK ○

ココで差がつく

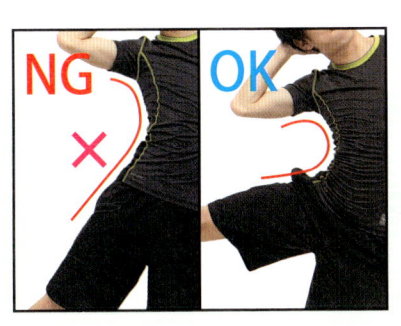

しっかりワキ腹を縮めているか？
体幹側面を働かせるには、脚をできるだけ引き上げて、ヒジとヒザをくっつけるぐらい縮めてほしい。

STEP 4 ▶ 8

体幹を連動させる 8

お腹（横）を鍛える

腕伸ばしツイスト

骨盤を安定させたままカラダをツイストさせて側面を鍛える

1 中腰になり脚を前後に開く

脚を前後に開きヒザを曲げる。後ろ脚のヒザは地面につけない

浮かせる

トレーニングの目安

★左右10往復

骨盤を固定させたままカラダを左右にひねることでインナーの腹横筋とアウターの腹斜筋に同時に刺激が入る。またカラダを支える中臀筋にも効果的。

前

● 腹斜筋
● 中臀筋
● 腹横筋

Muscle Deta

お腹・前／お腹・横／太もも／お尻／腰／背中

STEP ④ 体幹トレーニング 上級編 体幹を連動させる

カラダを**1本の軸**にするイメージ

骨盤を安定させて腕を左右に振る

骨盤を安定させたら、顔を前に向けたまま腕をできる限り左右に振る

Point ヒザと骨盤を固定し上体だけを動かすこと

ココで差がつく

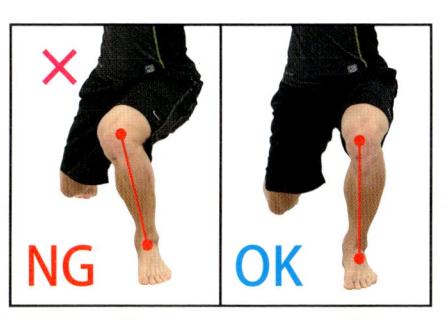

ヒザが内側に入っていないか？

カラダをねじったときに骨盤の固定をキープできずにヒザが内側に入ると体幹部への効果も薄まる。

× NG / OK

STEP ④ 9

体幹を連動させる 9

お腹を鍛える

ジグザグクランチ

クランチから腕を水平に動かすことでお腹の前と横を連動させる

1 上体を起こし骨盤を固定させる

クランチの姿勢になり骨盤を固定させる。この時点で腹筋には刺激が入る

トレーニングの目安
★左右10往復

Muscle Deta

姿勢をキープするために腹直筋と脊柱起立筋に大きな刺激が入る。そこからヒジを引くことで腹斜筋にも刺激が入り、お腹の前と横を連動させることができる。

前

● 腹直筋
● 脊柱起立筋
● 腹斜筋

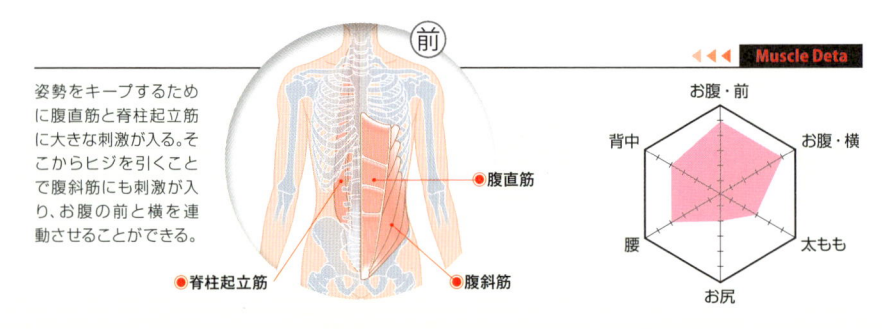

お腹・前／お腹・横／太もも／お尻／腰／背中

カラダを固定し**ヒジを引く**イメージ

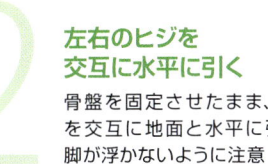

2 左右のヒジを交互に水平に引く

骨盤を固定させたまま、ヒジを交互に地面と水平に引く。脚が浮かないように注意

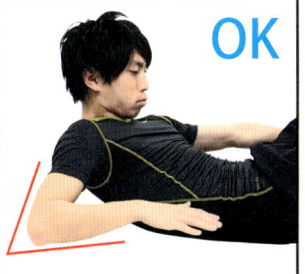

左右交互にヒジを引く

Point ヒジを後ろに引くときに骨盤を動かさないこと

NG　OK

ココで差がつく
ヒジの引きが弱く上体が寝ていないか？

上体を起こして腹直筋を効かせることが土台となる。これではお腹周りへの刺激は期待できない。

体幹トレーニング プロフェッショナル編

体幹を極める

Step 5

ここでは木場トレーナーが実際にプロアスリートに提供しているプログラムを紹介する。上級編までを完璧にこなせる体幹力を身につけた人は挑戦してみよう。

なでしこJAPAN 永里選手も実践!!
木場さんとの出逢いで
さらに進化することができました!
これからもご指導
よろしくお願いします!
永里優季

アフロ

体幹を極める
トレーニングの狙い

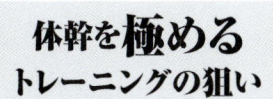

1 ▶ 世界で戦う**アスリート**が
実際におこなっているトレーニングメニュー

2 ▶ 体幹部全体にもう一段階高い負荷をかけ
体幹の質を向上させる

3 ▶ 体幹部と四肢の連動をより意識した
実践的な体幹トレーニングで
パフォーマンスを上げる

STEP 5-1

体幹を極める 1

体幹部全体を鍛える

引き寄せフロントブリッジ

体幹全体を使うフロントブリッジに脚の引き上げ動作をプラス

1 ヒジとつま先でカラダを支える

肩の下にヒジを置き、骨盤の幅で脚を開いたら、骨盤を固定してカラダを持ち上げる

骨盤を固定させる

トレーニングの目安
★左右10回ずつ

Muscle Deta
●体幹部全体

お腹・前／お腹・横／太もも／お尻／腰／背中

インナーの腹横筋や脊柱起立筋、アウターの広背筋や腹直筋など体幹部全体に刺激を入れながら、脚の引きつけで大腰筋や腹斜筋との連動性を高める。

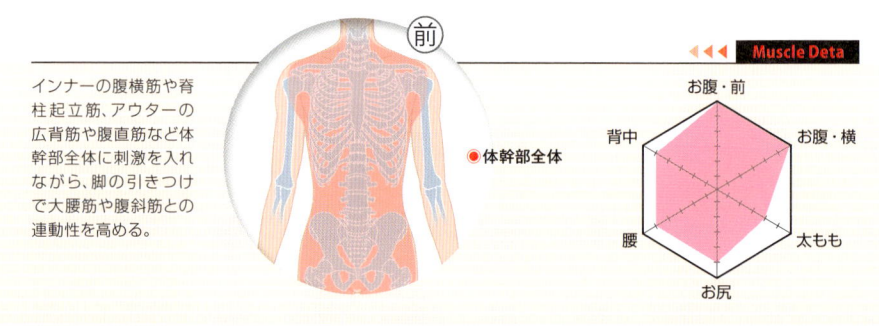

STEP 5 体幹トレーニング **プロフェッショナル編** 体幹を極める

ワキ腹を**縮める**イメージ

2 骨盤を固定したまま脚を引きつける

カラダを浮かせて骨盤を固定したまま、ワキ腹を縮めてリズムよく脚を引きつける

Point 骨盤が傾かないように注意しよう

NG

OK ↕浮かせる

ヒザの引きつけが甘くないか？

脚を引きつけるときにラクをすると、ヒザが下がる。これでは体幹部に刺激が入らないので気をつけよう。

STEP 5-2

体幹を極める 2
お腹を鍛える

連続Vクランチ

すばやいVクランチで上半身と下半身の連動性を高める

1 仰向けになり片ヒザを立てる

腕は斜め45度に開き、仰向けになり片方のヒザを立てる

Another Angle
背骨や骨盤の傾きに注意

45度

トレーニングの目安
★左右20回ずつ

Vクランチをすばやくおこなうことでインナーの大腰筋や腹横筋、アウターの腹直筋や腹斜筋に同時に刺激を入れて連動させる。

前
● 腹直筋
● 大腰筋
● 腹斜筋

Muscle Deta

お腹・前／お腹・横／太もも／お尻／腰／背中

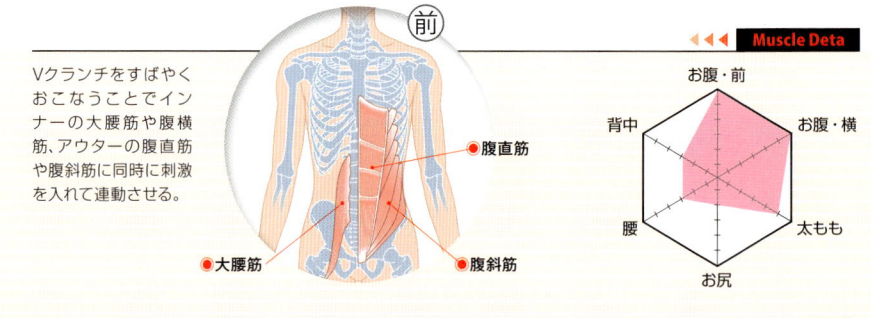

112

STEP 5 体幹トレーニング プロフェッショナル編 体幹を極める

お腹を支点に**跳ね上がる**イメージ

2 上体と脚を同時に上げる

お腹を固めて骨盤を床に押しつけながら、上体と脚を同じタイミングで上げる

リズミカルに20回

Another Angle
カラダを傾けずにまっすぐ上げる

ココで差がつく

肩甲骨が床についていないか？

脚だけで上体が上がっていないと体幹への効果は薄い。肩甲骨が床から離れるまで上体を起こすこと。

× NG

113

STEP 5-3

体幹を極める3
体幹部全体を鍛える

連続クロスフロントブリッジ

うつ伏せになり背中から腰、太ももウラを連動させる

1 両ヒジとつま先でカラダを支える

骨盤を固定させ、両ヒジとつま先でカラダを支えたフロントブリッジからスタート

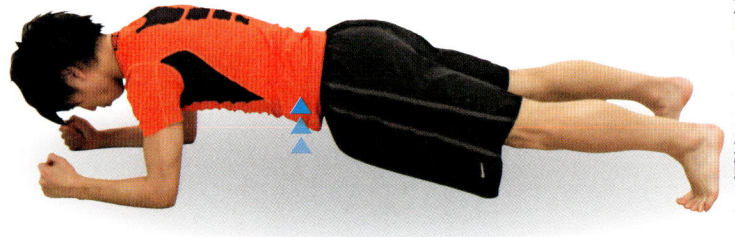

トレーニングの目安
★左右交互に20回

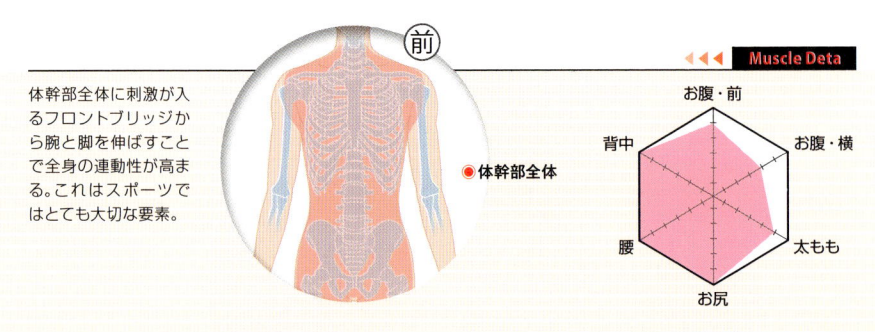

体幹部全体に刺激が入るフロントブリッジから腕と脚を伸ばすことで全身の連動性が高まる。これはスポーツではとても大切な要素。

前
● 体幹部全体

Muscle Deta

お腹・前 / お腹・横 / 太もも / お尻 / 腰 / 背中

114

STEP ⑤ 体幹トレーニング **プロフェッショナル編** 体幹を極める

カラダを**1枚の板**にするイメージ

2 対角線上の腕と脚をすばやく伸ばす

右腕と左脚というように対角線上にすばやく伸ばす。左右交互に連続20回おこなう

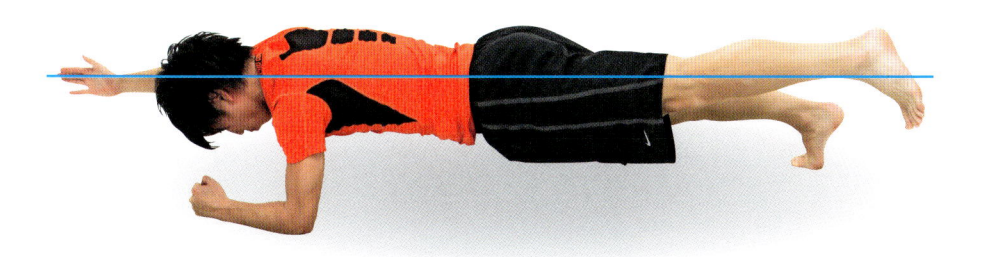

左右交互に連続20回

Point 骨盤が傾かないことを意識しておこなおう

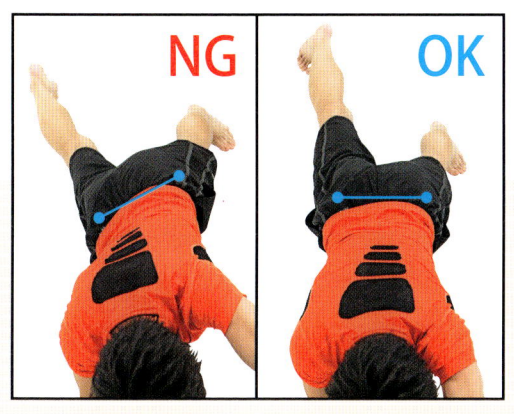

NG　OK

ココで差がつく

骨盤が傾いていないか？

フロントブリッジの必須事項ともいえる骨盤の水平。ここをキープすることで、体幹部への効果が高まる。

STEP 5 ▶ 4

体幹を極める 4

体幹部全体を鍛える

脚上げサイドブリッジ

上げた脚を回転させることでお腹とお尻を連動させる

1 骨盤を持ち上げ 1本の棒のように

骨盤を固定させたまま持ち上げてサイドブリッジの体勢を作る。ここからスタート

トレーニングの目安

★左右10回ずつ

Muscle Deta

●体幹部全体

腹横筋や腹斜筋で骨盤を下から支えるサイドブリッジ。これに脚を回す動作が加わることで、臀筋群をメインに体幹部全体が連動し、効果的に強化される。

116

STEP 5 体幹トレーニング プロフェッショナル編 体幹を極める

太ももの**根元から**円を描くイメージ

2 上げた脚で円を描く

片方の脚を上げて外回しで大きく回す。骨盤が傾かないように意識して連続10回転

外回しで、大きく10回転

Point 脚を回すときも骨盤を安定させることを意識しよう

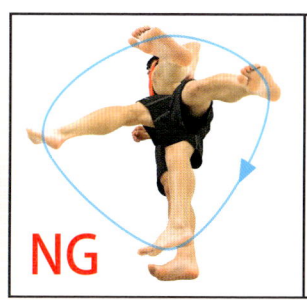

NG / **OK**

ココで差がつく

きれいな真円を描けているか?

臀筋の一部が硬かったりすると滑らかに脚が回らず、きれいな円を描けない。そんなときは、お尻のストレッチでほぐしてみよう。

117

STEP 5
▶5

体幹を極める 5

体幹部全体を鍛える

クイックバックウイング

背中から腰、お尻を通り太ももまでの斜めの筋肉を連動させる

1 手とヒザをついて四つんばい
肩の下に手を置き、骨盤の幅に開いてヒザをつく

トレーニングの目安
★左右10回ずつ

骨盤を固定させたまま体幹部を伸縮させることで、体幹部全体に刺激を入れることができる。一つひとつの動作を速く丁寧におこなえば、さらに効果的だ。

前

Muscle Deta
●体幹部全体

お腹・前 / お腹・横 / 太もも / お尻 / 腰 / 背中

118

STEP 5 体幹トレーニング プロフェッショナル編 体幹を極める

すばやく**ピンと**伸ばすイメージ

すばやく45度に広げる

2 対角線上の腕と脚を45度に広げる

対角線上の腕と脚を45度の角度ですばやく広げる

10回繰り返す

3 ヒジとヒザをくっつける

おへその下を目安に広げたヒジとヒザをくっつける

NG　OK

ココで差がつく

腕と脚を45度に広げているか？

まっすぐ伸ばすよりも、45度に広げた方がカラダのバランスを保つことが困難になり、体幹部により効果的な刺激が入る。

STEP 5 ▶ 6

体幹を極める 6

体幹部全体を鍛える

脚上げ回しバランス

片脚立ちで体幹の安定感を、脚を回すことで連動性を高める

1 腕を広げて片脚で立つ

胸を張って腕を広げて、ヒザをかるく曲げて片脚で立つ

トレーニングの目安
★脚上げ5回
★脚内回し10回
★左右1回ずつ

片脚で長時間バランスを保つことで軸足側の臀筋群に大きな刺激が入る。また動かしている方の大腰筋や腹斜筋、中臀筋などにも刺激が入る。

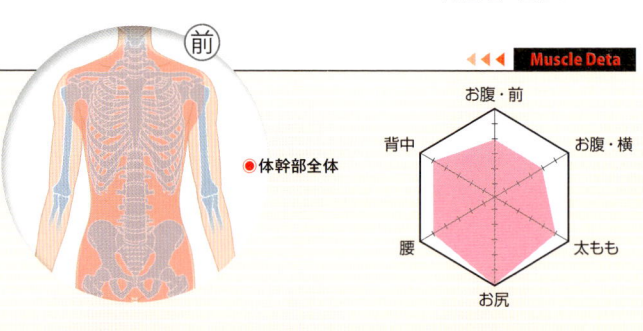

前

● 体幹部全体

◀◀◀ **Muscle Deta**

お腹・前
お腹・横
太もも
お尻
腰
背中

120

STEP 5 体幹トレーニング プロフェッショナル編　体幹を極める

軸脚を**カラダの中心**に据えるイメージ

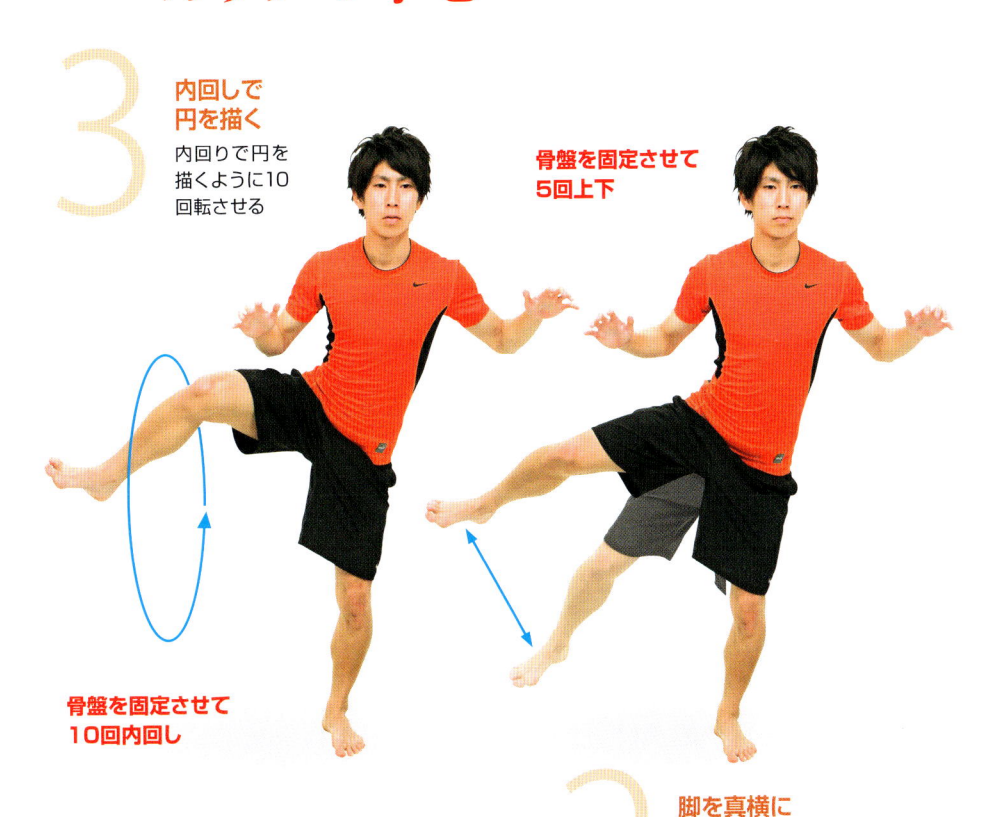

3
内回しで円を描く
内回りで円を描くように10回転させる

骨盤を固定させて5回上下

骨盤を固定させて10回内回し

2
脚を真横に上下させる
骨盤の傾きに注意しながら、脚を真横に5回上下させる

NG

ココで差がつく

カラダが傾いていないか？
上げた脚に意識がいきすぎるとカラダがどんどん傾いてしまう。これでは体幹への効果は薄れてしまう。

STEP 5/7

体幹を極める 7

体幹部全体を鍛える

連続バックニーアップ

骨盤を固定したまま脚を引き上げ下半身との連動性を高める

1 脚を伸ばして四つんばい

肩の下に手をつき、脚はかるく伸ばす。骨盤の固定を意識

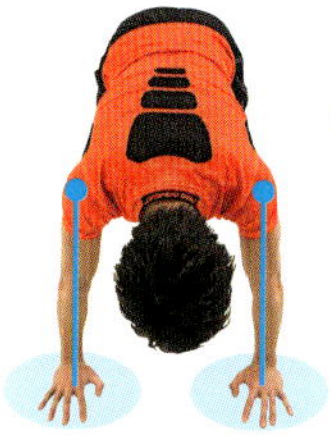

Another Angle
手をつく位置は肩の下

トレーニングの目安
★左右10回ずつ

Muscle Deta

●体幹部全体

お腹・前 / お腹・横 / 太もも / お尻 / 腰 / 背中

脚の引き上げ動作に大腰筋、骨盤の安定に脊柱起立筋と腹直筋、大臀筋に刺激が入る。走る動作を向上させるのに効果的なトレーニング。

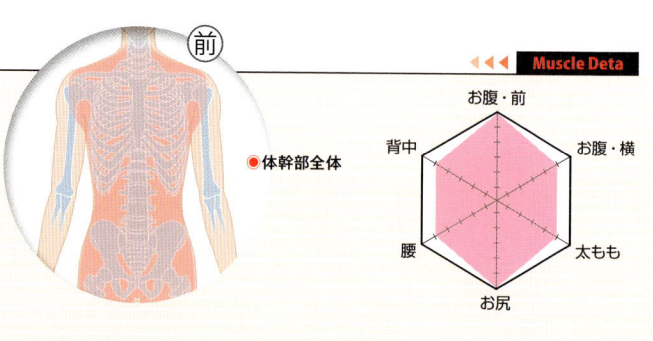

122

STEP ⑤ 体幹トレーニング プロフェッショナル編　体幹を極める

太もも**付け根**から近づけるイメージ

2 脚をすばやく引きつける

骨盤を固定させたまま、脚をできるだけ胸の近くまで引きつける

リズムよく、胸に近づける

Point 骨盤を固定させたままリズムよく脚を引き上げる

NG

OK

ココで差がつく

脚の引きつけが甘くないか？

骨盤を固定させても脚をしっかり引きつけなければ効果は薄い。できる限り胸に近づけよう。

123

STEP 5 ▶ 8

体幹を極める 8

お腹を鍛える

サイクリングクランチ

骨盤の固定から脚を交互に引きつけ、走る運動能力を向上させる

すばやく入れ替える

1 腕を45度に広げ骨盤を固める

腕を45度に広げ、骨盤を床に押しつけ上体を起こす。片脚は引きつけ、もう一方は伸ばす

浮かせる

45度

トレーニングの目安
★左右交互に20回

仰向けになり骨盤を床に押しつけることで、お腹周りに刺激を入れつつ、脚を交互に引きつけることで大腰筋にも刺激を入れている。

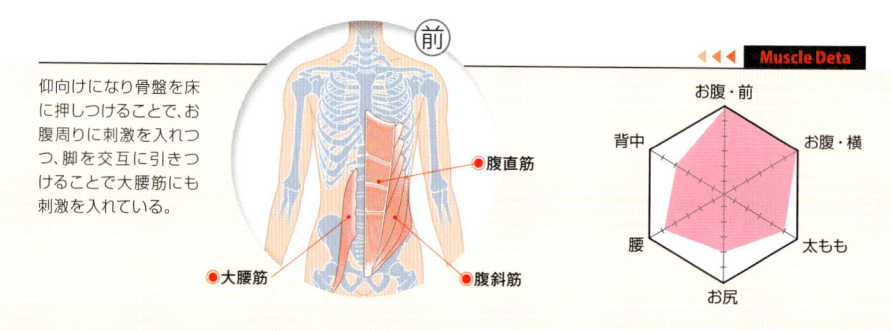

前

●腹直筋
●大腰筋
●腹斜筋

Muscle Deta

お腹・前 / お腹・横 / 太もも / お尻 / 腰 / 背中

124

STEP ⑤ 体幹トレーニング プロフェッショナル編 体幹を極める

脚だけを動かすイメージ

2 リズムよく脚を入れ替える

骨盤を固定させたまま、リズムよく脚を交互に入れ替える

左右交互に連続20回

浮かせる

Point 動かすのは脚だけ。骨盤をはじめ、カラダは固定させておく

ココで差がつく
脚を引きつけているか?

肩甲骨が床についたままで上体が起きていないのはNG。また脚の引きつけが弱いと連動性が高まらない。

NG

STEP 5/9

体幹を極める 9

体幹部全体を鍛える

振り子バランス

骨盤を立たせた脚の伸縮運動で走りの軸を作る

1 片脚で立ち軸を作る

腕を胸の前でクロスさせて片脚で立つ。安定した軸を作る

おへそまで引き上げる

Another Angle
ヒザを骨盤の高さまで引き上げる

トレーニングの目安
★左右10回ずつ

大腰筋、大臀筋、腹直筋をメインに体幹部全体に刺激を入れる。片脚での安定した軸作りは、スポーツでは欠かせないトレーニング。

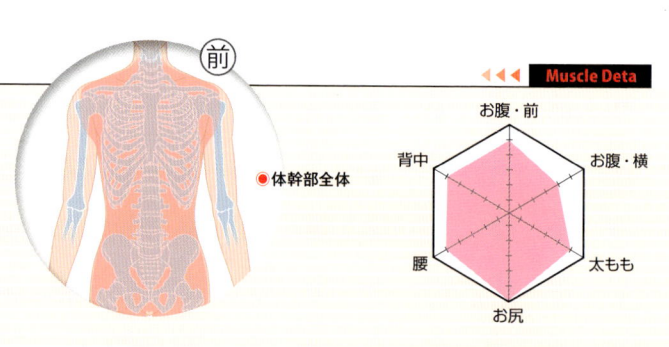

前 ●体幹部全体

Muscle Deta

お腹・前 / お腹・横 / 太もも / お尻 / 腰 / 背中

STEP ⑤ 体幹トレーニング プロフェッショナル編　体幹を極める

カラダを**1本の棒**にするイメージ

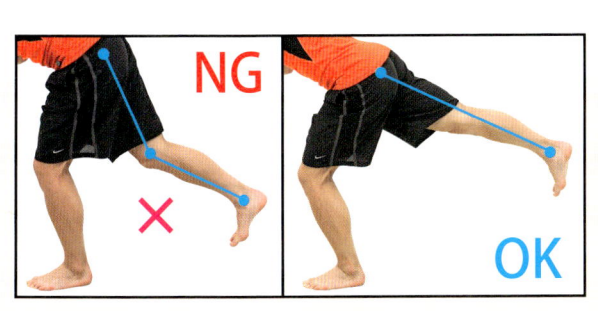

2 そのまま脚を後方へ伸ばす

骨盤を固定したまま上体を倒し、脚を後ろへ伸ばす

Another Angle
カラダが左右にブレないように注意しよう

後ろにまっすぐ伸ばす

NG ×

OK

ココで差がつく
脚が曲がってはいないか？

後方に伸ばした脚が下がっていたり、曲がっていると背面部を中心とした体幹への効果は薄くなる。

● 撮影協力

**アスリートウェーブ
西東京整骨院・西東京鍼灸院**
東京都小平市上水南町2-15-7-1
Tel:042-312-2291
http://athlete-wave.com

KOBA☆東京ベイ整骨院
東京都江戸川区中葛西5-14-8
Tel:03-5674-6646
http://www.koba-japan.com

● 著者
　木場克己（こばかつみ）

● 撮影
　長尾亜紀
　斉藤　豊

● DVD撮影
　福田茂樹

● 写真協力
　Getty Images
　アフロ

● イラスト
　庄司　猛
　田中　斉

● 装丁＆本文デザイン
　シモサコグラフィック

● 編集制作
　エフプラス（上野　茂）

● 企画・編集
　成美堂出版編集部（駒見宗唯直）

DVD付き カラダをリセット＋体幹力UPのコアトレーニング

著　者	木場克己（こばかつみ）
発行者	風早健史
発行所	成美堂出版
	〒162-8445　東京都新宿区新小川町1-7
	電話(03)5206-8151　FAX(03)5206-8159
印　刷	共同印刷株式会社

©Koba Katsumi 2012　PRINTED IN JAPAN
ISBN978-4-415-31297-2

落丁・乱丁などの不良本はお取り替えします
価格はカバーに表示してあります

●本書および本書の付属物を無断で複写、複製（コピー）、引用することは著作権法上での例外を除き禁じられています。また代行業者等の第三者に依頼してスキャンやデジタル化することは、たとえ個人や家庭内の利用であっても一切認められておりません。